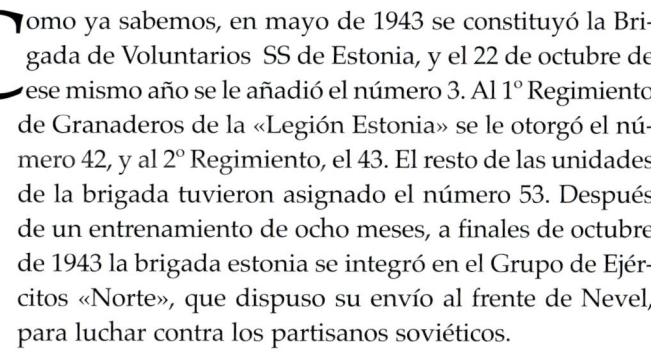

La 3ª Brigada de Voluntarios SS de Estonia en campaña

Arriba. Reclutas estonios en el campamento de Heidelager (Polonia). Delante, los instructores alemanes.

Abajo. General de la Policía y *Obergruppenführer* de las SS, Jeckeln.

Como ya sabemos, en mayo de 1943 se constituyó la Brigada de Voluntarios SS de Estonia, y el 22 de octubre de ese mismo año se le añadió el número 3. Al 1º Regimiento de Granaderos de la «Legión Estonia» se le otorgó el número 42, y al 2º Regimiento, el 43. El resto de las unidades de la brigada tuvieron asignado el número 53. Después de un entrenamiento de ocho meses, a finales de octubre de 1943 la brigada estonia se integró en el Grupo de Ejércitos «Norte», que dispuso su envío al frente de Nevel, para luchar contra los partisanos soviéticos.

Los últimos días del mes de octubre de 1943, los estonios fueron enviados a Bielorrusia para participar en la Operación «Heinrich». Su objetivo era eliminar a las unidades partisanas en la zona pantanosa del noreste de Polotsk. Para llevar a cabo esta operación se constituyeron dos grupos de combate (*Kampfgruppe*): los denominados Grupo «Jeckeln» y Grupo «Von Gottberg» –al mando, respectivamente, del *SS-Obergruppenführer* Johannes Jeckeln y del *SS-Brigadeführer* Curt von Gottberg–.

La 3ª Brigada de Voluntarios de las SS de Estonia estaba directamente subordinada al *SS-Obergruppenführer* Erich von dem Bach-Zelewski, jefe de las unidades alemanas de lucha antipartisana. En octubre de 1943, la situación en el frente se había vuelto especialmente peligrosa debido al avance del Ejército Rojo en la zona de Nevel y a la presencia de unidades partisanas establecidas en los bosques del distrito de Rosson, en la retaguardia, lideradas por oficiales del Ejército Rojo. La tarea de aplastar a las partidas de partisanos de esta zona, denominadas burlonamente «República de Rosson», fue encomendada a la 3ª Brigada de Voluntarios de las SS de Estonia.

Erich von dem Bach- Zelewsky. Era el SS-*Obergruppenführer* y general de la Policía alemana, encargado de la lucha antipartisana.

El operativo comenzó el 1 de noviembre, y durante cinco días se libraron combates con los partisanos en los bosques de Rosson. La brigada estonia ocupó Albrechtovo, el campamento partisano, un asentamiento bastante grande teniendo en cuenta las aldeas del entorno, aunque los estonios abandonaron pronto el lugar debido a que el Ejército Rojo acababa de romper el frente en el distrito de Nevel, y el mando les ordenó dirigirse al punto de ruptura para cubrir el frente y hacer retroceder al enemigo. Durante el traslado de la unidad, el jefe del 42.º Regimiento, el *SS-Standartenführer* Henn-Ants Kurg, resultó gravemente herido al explosionar una mina al paso de su coche. Poco después fallecería tras un fallo hepático. Ocupó su puesto el *SS-Sturmbannführer* Paul Vent.

El 10 de noviembre de 1943, el general Von dem Bach-Zelewski subordinó la brigada estonia al *Kampfgruppe* «Jeckeln». Al día siguiente, los voluntarios estonios se enfrentaron al Ejército Rojo. La brigada atacó las posiciones enemigas desde la derecha, junto al lago Neshcherdo, retirándose el enemigo a través de una zona

RECLUTAMIENTO OBLIGATORIO EN ESTONIA EN OCTUBRE DE 1943

El 26 de octubre de 1943, el jefe del Autogobierno de Estonia, Hjalmar Mäe, anunció la convocatoria al servicio militar de los hombres nacidos en 1925. La orden se extendió a todos los hombres que fueran ciudadanos estonios el 20 de junio de 1940. Al mismo tiempo, Mäe emitió un decreto sobre el establecimiento de un tribunal militar especial, cuya tarea era procesar a los posibles infractores del citado decreto. La movilización se llevó a cabo rápidamente; unos 3300 hombres reclutados en el ejército fueron llevados al campo de entrenamiento de Debica hasta noviembre de 1943.

Unos 500 de ellos pronto fueron enviados a Ucrania para complementar el Batallón «Narva», siendo rápidamente preparados en la retaguardia inmediata del frente. Los nueva remesa de soldados, sin experiencia en combate, sufrió grandes pérdidas. A mediados de enero de 1944, unos 2500 hombres fueron enviados a la retaguardia del frente de Nevel, después de dos meses de entrenamiento en Debica, como Batallón de Reserva de la 3ª Brigada SS de Estonia. En febrero, tanto la brigada como el batallón de reserva fueron trasladados gradualmente a Estonia.

LA OFENSIVA SOVIÉTICA SOBRE NEVEL

La ofensiva sobre Nevel fue una operación desarrollada entre el 6 y el 10 de octubre de 1943 por las tropas del Frente de Kalinin para romper las comunicaciones del Grupo de Ejércitos «Norte» y capturar la ciudad de Nevel. Enmarcada en las ofensivas de otoño, la Stavka preparó

y llevó a cabo con éxito la Operación «Nevelsk», involucrando al 3º Ejército de Choque del Frente Kalinin. La ciudad y el cruce ferroviario de Nevel tenían una gran importancia operativa, pues allí los alemanes concentraron almacenes militares de alimentos y de equipo militar. La zona estaba defendida por cuatro divisiones de infantería y otra para el aeródromo. Antes del inicio de la operación, los soviéticos realizaron un reconocimiento exhaustivo de las defensas enemigas. Se excluyó cualquier movimiento de tropas durante el día, lo que

aseguró la sorpresa del inminente ataque. La zona era boscosa y pantanosa, por lo que se decidió que la de ruptura sería en el área de la división que defendía el aeródromo alemán. El 6 de octubre comenzaron los combates en las afueras de la ciudad; después de una poderosa preparación artillera y un fuerte ataque de infantería, los soldados del Ejército Rojo tomaron Nevel el día 7. En los días siguientes, tras la llegada de fuerzas de apoyo, los alemanes lanzaron contraataques para recuperar la ciudad, aunque sin éxito. Para detener la ofensiva en la zona de Nevel, se enviaron cuatro divisiones de infantería y una acorazada. Además de la toma de la ciudad, los soviéticos cortaron el ferrocarril Dno-Vitebsk, muy importante para las tropas alemanas, creando las condiciones para una ofensiva más amplia en Bielorrusia.

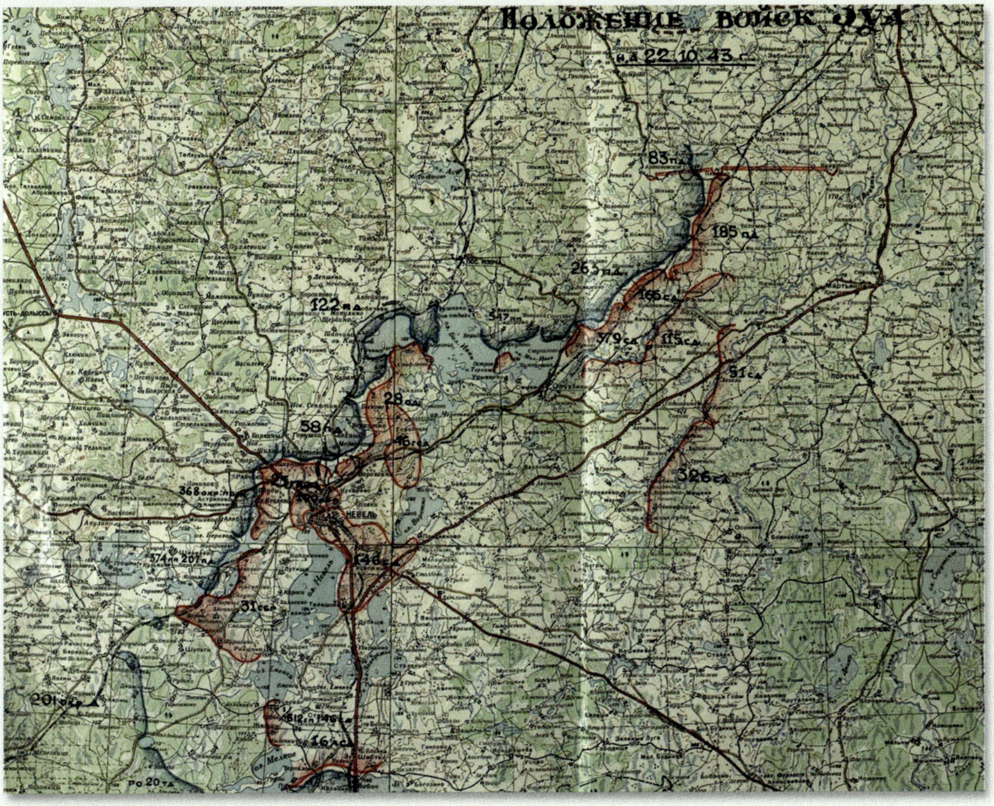

pantanosa, detrás del terreno elevado que los estonios lograron ocupar, tomando posiciones defensivas hasta el río Drysa, que en aquel momento era el límite entre el Grupo de Ejércitos «Norte» y el Grupo de Ejércitos «Centro».

Debido a cambios orgánicos en algunas divisiones *Waffen-SS*, el 12 de noviembre de 1943 los regimientos de la brigada estonia modificaron su numeración: el 42º se convirtió en el 45º, y el 43º pasó a ser el 46º. Una semana más tarde, el comandante del VIII Cuerpo de Ejército asumió el mando del *Kampfgruppe* «Jeckeln». La brecha creada por el avance del enemigo entre las alas de los dos grupos de ejércitos alemanes planteaba una gran amenaza para todo el Frente Oriental alemán. El Alto Mando de la *Wehrmacht* ordenó al VIII Cuerpo de Ejército cerrar el frente inmediatamente, atacando al 3º Ejército de Choque soviético en Pustoshka, para lo que fue enviado el *Kampfgruppe*

«Jeckeln», cosechando un fracaso en la operación, que finalizó el 8 de diciembre de 1943.

General Gustav Höhne, jefe del VIII Cuerpo de Ejército.

Las fuerzas alemanas se retiraron para restablecer un frente ininterrumpido. Una vez que los combates disminuyeron, los soldados comenzaron a construir búnkeres resistentes al invierno. El 16 de diciembre de 1943, el 2º Frente Báltico soviético lanzó una ofensiva desde el sur hacia el Báltico Oriental, aunque inmediatamente después dirigió sus fuerzas a apoyar al 1º Frente Báltico (antiguo Frente Kalinin), que había logrado atravesar el flanco izquierdo del Grupo de Ejércitos «Centro», con una cuña de 80 km de ancho y 30 km de profundidad. El Grupo de Ejércitos «Norte» envió a la 132ª División de Infantería, junto a varias fuerzas auxiliares, incluida la 3ª Brigada de Voluntarios de las SS de Estonia. El 17 de diciembre de 1943, la brigada fue inspeccionada por el comandante del VIII Cuerpo de Ejército del *Heer*, general Gustav Höhne. Según él, los estonios le causaron muy buena impresión y estaban bien armados.

El 31 de diciembre de 1943 la brigada disponía de 178 oficiales, 864 suboficiales y 4057 soldados, alcanzando los

LOS PRIMEROS CAÍDOS DE LA 3ª BRIGADA DE VOLUNTARIOS SS DE ESTONIA

La 14º Compañía Antitanque del 42º Regimiento de Granaderos SS fue transportada en tren hasta la estación de Sebezh (Oblast de Pskov). Era posible avanzar hacia el este, aunque las unidades habían sido advertidas de que los partisanos habían destruido muchos puentes en la zona. El *SS-Obersturmführer* Langhorst, jefe de la compañía, decidió avanzar por un camino en el que, el primer puente que se encontró, había sido objetivo de los partisanos. Cuando estaban frente al puente destruido se dieron cuenta de que la compañía estaba en mal lugar, pues podía ser atacada por partisanos desde un terraplén situado en la carretera principal. Langhorst envió tres motos con sidecar para explorar el terreno, pues debía dar la vuelta con su unidad y buscar un camino alternativo. Cuando los exploradores habían recorrido unos 300 metros, la primera moto pisó una mina colocada en la carretera y salió volando. Inmediatamente después hizo explosión otra mina bajo la rueda del sidecar de la segunda moto, ocupado por el *SS-Obersturmführer* Telk, que saltó por los aires. La tercera moto dio la vuelta y regresó. El explorador de la primera moto murió instantáneamente, y el conductor resultó gravemente herido en la pierna derecha. El *SS-Obersturmführer* Telk perdió el conocimiento y al despertar, no podía hablar. Sufrió una conmoción cerebral grave y una hemorragia interna, que provocó su muerte al día siguiente. Telk y el conductor de la primera Zündapp fueron los primeros caídos del 42º Regimiento y, probablemente, la 3ª Brigada SS de Estonia. La mayor amenaza para los estonios en sus desplazamientos eran las minas colocadas por partisanos en las carreteras y caminos.

Página anterior, arriba. Tarjeta postal con una ilustración de los soldados de la «Legión Estonia» combatiendo.

Abajo. Zona de despliegue de la 3ª Brigada de Voluntarios SS de Estonia, entre el lago Neshcherdo y el ría Drysa.

5099 hombres. Gracias al armamento adecuado y a la experiencia de combate en primera línea, la brigada estaba preparada. Como unidad más meridional del Grupo de Ejércitos del Norte, en el Frente Oriental, la brigada estonia estaba situada en aquel momento en el tramo entre el río Drysa y el lago Neshcherdo (Bielorrusia).

En el número de febrero de 1944 de la revista «*Reiter 'gen Osten*» se publicó una crónica del corresponsal militar de las SS, Berend von Rottbeck, de la primera batalla en la que tomó parte la 3ª Brigada de Voluntarios de las SS de Estonia:

La Brigada de Voluntarios de las SS de Estonia ha estado desempeñando tareas de combate. Durante varias semanas, aprendieron sobre el terreno de la zona de guerra: la soledad de los pantanos, intransitables. En el camino hacia el frente, la tarea principal de la brigada, junto con otras unidades alemanas, fue limpiar la zona de bandas bolcheviques.

El segundo día de marcha se tomó contacto con el enemigo. Hasta el momento, las bandas en retirada no habían ofrecido resistencia, sino que se habían limitado a minar y bloquear carreteras y a volar puentes. Esta operación todavía continuaba cuando las tropas regulares soviéticas lograron irrumpir en nuestro frente al suroeste de Nevel, después de intensos combates. Debido al cambio de situación, a la Brigada de Voluntarios de las SS de Estonia también se le asignó una nueva tarea. Junto con otras tropas alemanas, tuvo que detener al enemigo que había atravesado el frente y cercar el lugar del avance.

Cuando se colocaron en primera línea por primera vez, se defendieron a lo largo de uno de los estrechos del lago. Además, la brigada lanzó un contraataque un poco al sur de sus posiciones anteriores y en varios lugares rompió vigorosamente el orden de batalla de cuatro niveles del enemigo. Como botín de guerra se obtuvieron una batería de artillería de 7,62 cm, cinco cañones antiaéreos, numerosas armas automáticas y varios fusiles. Durante este ataque, que en repetidas ocasiones se convirtió en un feroz combate cuerpo a cuerpo, los soviéticos sufrieron pérdidas especialmente importantes en forma de muertos y heridos.

La 20ª División *Waffen-SS* (estonia nº 1)

A principios de enero de 1944, no hubo ataques significativos del Ejército Rojo en la línea del frente que defendía la 3ª Brigada de Voluntarios de las SS de Estonia. Pero los estonios conocían la situación en el norte, donde se temía un avance del Ejército Rojo en dirección a Narva, lo que les alarmaba bastante. Los hombres de la brigada estaban inquietos y querían ser enviados a su patria, para intentar detener a los soviéticos.

El 14 de enero de 1944 comenzaba el gran ataque del Frente de Leningrado. Y las líneas alemanas se rompieron en Nóvgorod. Esto puso al 18º Ejército en una situación muy peligrosa y provocó el pánico en muchas unidades de la *Wehrmacht*, que iniciaron la retirada. El 21 de enero caía Nóvgorod, el 22 los soviéticos llegaban a Kingisepp (denominado por los alemanes Jamburg, a 12 kilómetros de Narva) y el 31 de enero el Ejército Rojo alcanzaba la línea del río Luga.

El 24 de enero de ese mismo año llegaba la orden de transformar la 3ª Brigada de Voluntarios de las SS de Estonia en 20ª División de la *Waffen-SS* de Estonia. El 7 de febrero de 1944, la nueva división fue enviada al frente de Narva. Al día siguiente, el I Batallón del 45º Regimiento, al mando del *SS-Sturmbannführer* Harald Riipalu, abandonó Polotsk con varias compañías más. El día 8 partían el resto de las unidades del 45º Regimiento y otras unidades de la división.

El batallón de Riipalu llegó a Tartu al mediodía del 11 de febrero. Después de un breve descanso, la unidad, junto al resto del regimiento, tuvieron que emplearse a fondo, pues el mando los envió a detener la ofensiva rusa que, atravesando el lago Peipus y capturando la isla estonia de Piirissaare, amenazaba directamente Tartu. Cuando se consiguió detener a los soviéticos, el 45º Regimiento continuó su viaje al norte, para defender Narva.

ELIMINACIÓN DE LA CABEZA DE PUENTE SOVIÉTICA DE MEERAPALU

El 12 de febrero de 1944, la 90ª División de Fusileros soviética se apoderó de la isla de Piirissaare, y dos días después, los soviéticos ya se estaban abriendo paso desde las orillas del lago Peipus, cerca del pueblo de Meerapalu, a sólo 40 kilómetros de la ciudad de Tartu. El objetivo era la ocupación de Tartu, y desde allí, expandirse hacia el interior de Estonia, desestabilizando la zona y aislando a las tropas concentradas cerca de Narva. La situación era gravísima y el mando alemán tenía pocas unidades para emplear en el sector, por lo que se decidió desplegar al 45º Regimiento de Granaderos SS de Estonia, que estaba en Tartu para su próximo despliegue cerca de Narva. Antes de que los estonios se prepararan para el combate, más tropas soviéticas intentaron cruzar el lago, aunque su avance se vio dificultado por los resueltos ataques de los Junkers Ju 87 «Stuka» alemanes. El 15 de febrero, los estonios ya estaban en el lugar y listos para pasar a la ofensiva junto a los soldados alemanes del 44º Regimiento de la 11ª División de Infantería. La cabeza de puente soviética fue eliminada, infligiendo pérdidas muy numerosas a los atacantes. Tras la eliminación de esta amenaza y la estabilización del sector, los soldados estonios del 45º Regimiento fueron enviados a Narva, donde se unieron a sus compañeros del 46º Regimiento. Unos días más tarde, el 21 de febrero, atacaron juntos otra cabeza de puente al norte de Narva. Así comenzaba la larga batalla de seis meses por Narva, en la que los estonios, junto a otros combatientes europeos, escribieron una increíble página de heroísmo.

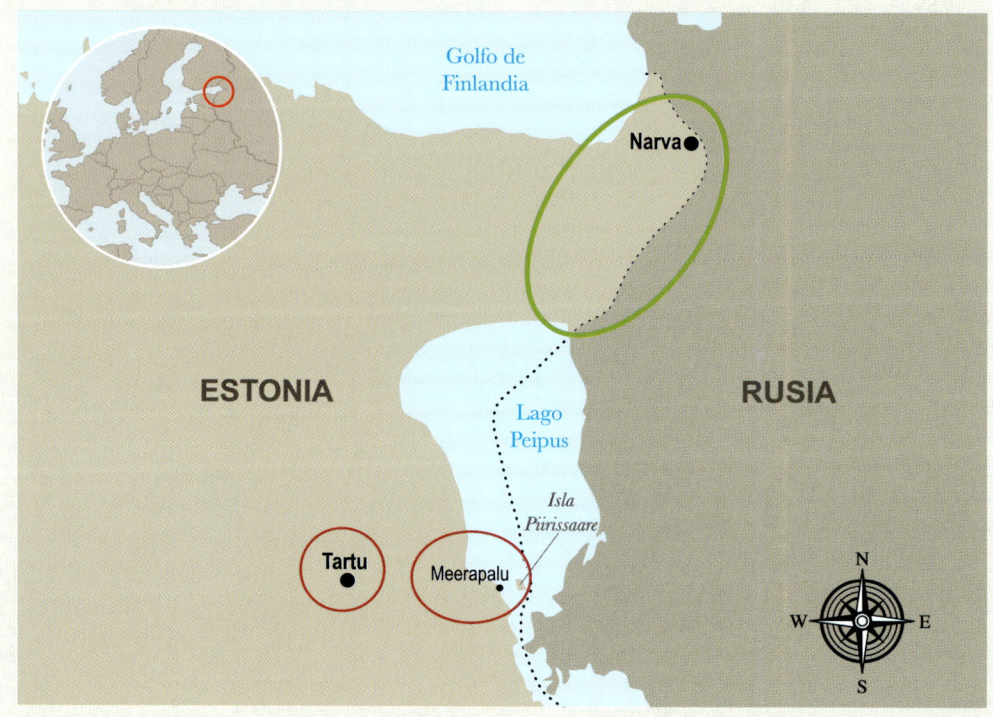

CRUCE DE DESTINOS EN TARTU: LA LEGIÓN ESPAÑOLA DE VOLUNTARIOS Y LA 20ª DIVISIÓN WAFFEN-SS DE ESTONIA

En un rincón pantanoso del extremo nororiental del frente cubierto por el Grupo de Ejércitos Norte, al sur de Mga, desplegaba la Legión Azul española (*Spanischen Freiwilliger Legion*). Estaba agregada a la 121ª División alemana y dependía funcionalmente del XXVIII Cuerpo de Ejército del general Herbert Loch. La componían 2200 hombres distribuidos en una Plana Mayor y tres banderas o batallones (dos de granaderos y una mixta con compañías de antitanques, cañones, zapadores y exploración). A comienzos de enero de 1944, los rusos habían realizado una concentración tal de fuerzas en artillería, aviación, brigadas de carros y divisiones de fusileros de asalto, que les otorgaba una aplastante superioridad sobre el Grupo de Ejércitos Norte. Pretendían embolsarlo y destruirlo. En la noche del 13 al 14 de enero de 1944, en medio de una intensa nevada, comenzó la doble ofensiva soviética de los frentes de Leningrado y del Vóljov. Durante cinco días la Legión Azul aguantó en su sector, rechazando las infiltraciones enemigas y permitiendo así la retirada ordenada de la 121ª División. Sin embargo, la ruptura del frente, realizada por la 80ª División rusa, había provocado una situación insostenible. El día 19 se recibía orden de repliegue in-

mediato. Los españoles abandonaron sus posiciones a partir de la madrugada del 20, destruyendo todo el material pesado que no pudieron transportar, y marcharon a escape hacia Lyuban, localidad estratégica que debían defender a toda costa. Fueron tales las prisas que se perdieron el depósito de intendencia de la unidad y el equipo del hospital de campaña. En Lyuban se hicieron fuertes y hasta el día 26 defendieron la población, pero el cerco de la ciudad era inminente y se ordenó una nueva retirada hacia la «Línea Luga». El ferrocarril estaba cortado y la marcha a pie, por caminos ignotos entre la espesura de los bosques helados, fue penosa, épica y dramática. Tardaron cinco días en llegar a Luga, donde pudieron tomar un respiro. Mientras, los soviéticos presionaban en todos los sectores y la Legión Española recibió la orden de salir del frente hacia Estonia. Por ferrocarril, pasando por Pskov y vía Tartu, donde se detuvieron unas horas el día 8 de febrero, los españoles llegaron a su zona de acantonamiento en el norte del país. Se da la dramática circunstancia que el 45º Regimiento de la 20ª División *Waffen-SS* estonia llegó a Tartu tres días después que los españoles, el 11 de febrero, e inmediatamente entró en línea para anular el ataque soviético en el lago Peipus, a 40 kilómetros de la ciudad. Por tres días no se cruzaron españoles y estonios en Tartu.

El Inspector de la «Legión Estonia». *Brigadeführer* Johannes Soodla

Johannes Soodla nació el 14 de enero de 1897 en la parroquia de Kudina. En 1916 fue movilizado en el ejército ruso y enviado a una escuela militar en Gatchina, ascendiendo a teniente el 19 de mayo de 1917. Participó en la Guerra de Independencia de Estonia junto a Julius Kuperjanov en la misma unidad. Soodla era jefe de compañía. Luchó en las batallas más duras de la guerra, incluida la batalla de Paju, donde tomó el mando del batallón después de que Kuperjanov resultara herido. Después de la guerra, Soodla recibió la Cruz de la Libertad de Estonia. Ascendió a capitán en el ejército estonio el 28 de noviembre de 1928 y a mayor, el 24 de febrero de 1930. Cuatro años después, el 24 de febrero de 1934, alcanzaba el empleo de teniente coronel y el 24 de febrero de 1940 llegaba a ostentar las divisas de coronel, mandando la Academia Militar de Estonia hasta que fue relevado por el ejército soviético en 1941. Entonces Soodla marchó a Alemania, regresando a Estonia el verano de ese mismo año con el ejército alemán, siendo encargado de dirigir tanto la policía estonia como el *Omakaitse*, una organización paramilitar de autodefensa durante la ocupación alemana. En junio de 1943 se unió a la «Legión Estonia» otorgándole los alemanes el empleo de *Oberführer* (coronel), siendo nombrado en agosto Inspector General de las unidades estonias en las fuerzas alemanas. En septiembre de 1944 fue ascendido a *Brigadeführer*, el rango más alto atribuido a un oficial estonio en el ejército alemán durante la Segunda Guerra Mundial. En 1944 se retiró a Alemania, y al final de la guerra estuvo en campos de concentración hasta 1947. Más tarde vivió en Italia, Estados Unidos y Alemania. Murió el 16 de mayo de 1965 en Goslar, Alemania.

En la segunda quincena de febrero, la nueva división estonia se integró en el III Cuerpo de Ejército *Panzer-SS* en el frente de Narva; junto a la 11ª División *Waffen-SS Nordland* y la 4ª Brigada *Waffen-SS* «Nederland», combatieron para destruir las cabezas de puente del Ejército Rojo en la orilla occidental del río Narva. El 24 de febrero de 1944 destruyeron la cabeza de puente de Riigiküla; el 1 de marzo, la de las aldeas de Vepsa y Vaasa y el 5 de marzo, la cabeza de puente de Siiverts.

A finales del mes de marzo de 1944, el Batallón «Narva», que hasta entonces había combatido en la División *Waffen-SS* «Viking», se integró en la 20ª División *Waffen-SS* estonia, siendo enviado a la zona de Narva para ser reorganizado y rebautizado como 20º Batallón de Fusileros *Waffen-SS*. Hay que decir que sus integrantes mantuvieron vivo entre ellos el nombre inicial del batallón: «Narva».

El 21 de febrero de 1944, el Inspector General de la «Legión Estonia», el *SS-Oberführer* Johannes Soodla, emitió una orden según la cual la división estonia de la *Waffen-SS* debía recibir para completar sus filas, 9000 hombres: todos los jóvenes nacidos entre 1919 y 1923, y una buena parte de los hombres nacidos en Estonia entre 1907 y 1918. La división no llegó a estar completo y totalmente operativa hasta la retirada final de Estonia, en el otoño de 1944.

Página siguiente, arriba.
Fortaleza de Ivangorod, sobre el río, en la parte rusa, con muestras evidentes de los combates de 1944.

20ª DIVISIÓN DE GRANADEROS WAFFEN SS (1º ESTONIA)

• **45º Regimiento de Granaderos de la *Waffen-SS*.** (Antiguo 42º Regimiento).

  – I Batallón. Formado en Debica, completado con personal movilizado en Estonia.

  – II Batallón. Formado en Debica, completado con personal movilizado en Estonia.

  – III Batallón. Formado por los movilizados en Estonia.

• **46º Regimiento de Granaderos de la *Waffen-SS*.** (Antiguo 43º Regimiento),

  – I Batallón (formado en Debica, completado con personal movilizado en Estonia.

  – II Batallón (formado en Debica, completado con personal movilizado en Estonia.

  – III Batallón (formado en Estonia sobre la base del 660º *Ost-Bataillon*, completado con personal movilizado en Estonia. Se disolvió el 25 de julio de 1944 y se volvió a formar un mes más tarde, el 26 de agosto, con los hombres del I Batallón de los «Muchachos Finlandeses».

• **47º Regimiento de Granaderos de la *Waffen-SS*** (el personal se formó en Estonia en abril de 1944).

  – I Batallón. Formado en Estonia con el 659º *Ost-Bataillon*, completado con personal movilizado.

  – II Batallón. Formado en Estonia con el 658º *Ost-Bataillon*, completado con personal movilizado.

  – III Batallón. Formado con personal movilizado en Estonia.

• **20º Regimiento de Artillería de la *Waffen-SS*** (el cuartel general se formó en Estonia sobre la base del cuartel general del 53º Grupo de Artillería de las SS).

  – I Grupo. Personal del 53º Grupo de Artillería de la *Waffen-SS*, completado con movilizados.

  – II Grupo. Personal del 53º Grupo de Artillería de la *Waffen-SS*, completado con movilizados.

  – III Grupo. Personal del 53º Grupo de Artillería de la *Waffen-SS*, completado con movilizados.

  – IV Grupo (pesado). Hombres enviados a la Escuela de Artillería *Waffen-SS* de Beneschau.

• **20º Batallón de Fusileros de la *Waffen-SS*.** Formado en Estonia sobre la base del Batallón «Narva», complementado con personal movilizado.

• **20º Batallón de Transmisiones de la *Waffen-SS*.** Formado en base a la compañía de transmisiones de la 3ª Brigada de la *Waffen-SS* de Estonia y personal movilizado.

• **20º Batallón Antitanque de la *Waffen-SS*.** Formado a partir de la compañía antitanque del 45º Regimiento de Granaderos *Waffen-SS* y personal movilizado.

• **20º Batallón de Zapadores de la *Waffen-SS*.** Formado a partir de la compañía de zapadores de la 3ª Brigada de la Waffen-SS de Estonia y personal movilizado.

• **20º Batallón de Reserva de Campaña de la *Waffen-SS*.** Personal movilizado en febrero, del reemplazo de 1925. En agosto se unió el II Batallón de «Muchachos Finlandeses».

• **Unidades de retaguardia**: transportes, intendencia, sanidad, veterinaria, etc...

La 20ª División *Waffen-SS* estonia en la batalla de Narva (febrero-julio de 1944)

La ciudad estonia de Narva ha estado expuesta a lo largo de la historia a enfrentamientos entre pueblos y culturas debido a su ubicación estratégica. Gracias a los numerosos lagos, pantanos y al subsuelo arenoso, casi toda la frontera entre Rusia y Estonia es muy difícil de cruzar. La única excepción es la zona situada al norte, entre la ciudad de Narva y la costa del golfo de Finlandia, donde fluye el río del mismo nombre. No es raro, por tanto, que la ofensiva soviética que iba a liberar Leningrado del cerco alemán, tuviera como siguiente objetivo el frente báltico, que empezaba en Narva.

La ofensiva comenzó el 14 de enero de 1944 y su misión era destruir el 18° Ejército alemán. La conquista de la capital de Estonia, Tallin, estaba en la mente de los planificadores rusos, sin embargo, había muchas unidades alemanas que se interponían en el camino de los soviéticos. Aparte de las clásicas divisiones de infantería, cabe destacar especialmente el *III. SS-Panzerkorps*, que en aquel momento lo formaban las siguientes unidades: *11.SS Freiwilligen Panzer Grenadier Division «Nordland»*, 9ª y

Cartel danés sobre los combates en Narva. «También hoy. ¡Frente hacia el Este! Alístate al Regimiento danés Waffen SS».

10ª *Luftwaffe Felddivisionen* y el *Kampfgruppe SS–Division «Polizei»*. Algunas de estas unidades fueron duramente atacadas, e incluso rodeadas, al comienzo de la ofensiva soviética, y aunque infligieron pérdidas significativas al Ejército Rojo, no pudieron detener su arrollador avance.

Habría que mencionar, sobre todo, las terribles batallas defensivas en el entorno del río Luga, donde se distinguió la división *«Nordland»* con sus carros *Panzer V «Panther»*, apoyada por la 4.*SS Freiwilligen-Brigade «Nederland»*. La resistencia en esta zona no duró mucho, viéndose obligadas las unidades alemanas a retirarse hacia la frontera de Estonia. La nueva línea de defensa se extendía a lo largo de la orilla del río Narva hasta la ciudad estonia del mismo nombre, donde giraba hacia la orilla oriental y formaba aquí una cabeza de puente alemana; debajo de la ciudad volvía a la orilla occidental y conducía hasta el lago Peipus.

Arriba. Ceremonia de imposición de Cruces de Caballero en marzo de 1944. Los premiados son oficiales de la División «Nordland», de la *Waffen-SS*.

Abajo. Los *Panzerkampfwagen VI «Tiger»* del *Panzer-Abteilung 502* fueron decisivos en la defensa de Narva.

Página siguiente, arriba. Una pieza contracarro de 7,62 cm, de origen francés –sobre afuste alemán de PaK 38–, en el nevado paisaje de Narva.

Inmediatamente se iniciaron las actividades de fortificación en todo el sector. A principios de febrero, las tropas soviéticas llegaron al río, al norte y al sur de la ciudad, con el objetivo de cruzarlo, crear una sólida cabeza de puente y luego, aislar la ciudad y a sus defensores. Los alemanes movilizaron todas las unidades disponibles. Al *III.SS-Panzerkorps* fue agregada la recién formada 20.*Estnische SS-Freiwilligen-Division*, cuyas unidades estaban desplegadas en varios lugares de Estonia y el Frente Oriental, por lo que tuvieron que ser enviadas al sector y reorganizadas in situ. También hubo unidades de la milicia estonia *Omakaitse*, y batallones de policía de esta nacionalidad, así como unidades pertenecientes a divisiones dispersas, que se unieron en los llamados *Kampfgruppen* (grupos de combate). Además de las unidades ya mencionadas, operó en Narva, por ejemplo, el legendario *schwere Panzer-Abteilung 502*, que impidió a los soviéticos avanzar en el sector desde el inicio de la ofensiva.

Detenido en el río, el Ejército Rojo comenzó a reunir una enorme cantidad

de personal y material, para comenzar la gran batalla de conquista. En la mañana del 11 de febrero, las posiciones alemanas fueron bombardeadas por una masa de 3000 cañones, obuses y morteros, tras lo cual las tropas soviéticas se lanzaron al ataque y cruzaron el río en varios lugares.

Al norte de la ciudad comenzaron a construir rápidamente una cabeza de puente para futuras operaciones entre los municipios de Vasa, Vepsküla y Siivertsi.

LA BATALLA DE NARVA. FEBRERO-JULIO DE 1944

Narva-Jõesuu

Golfo de Finlandia

Sillamäe

Meriküla

Jaanilinn

Narva

ESTONIA

Pantano de Kriva

Embalse de Narva

Río Narva

N
W   E
S

— Carretera Narva-Tallin
- - Ferrocarril Narva-Tallin

— Línea de frente antes del 25 de julio (ofensiva del Ejército Rojo)

Cabezas de puente del Ejército Rojo y momento de su liquidación

1 Rigiküla - 24 de febrero
2 Vepsküla - 6 de marzo
3 Reidepöllu - 29 de marzo
4 Auvere - 6 de abril
5 Putki - a principios de marzo

— Línea Tannenberg
Cuartel General de Steiner
Cuartel General de la 20º SS Gr. Div. (Estonia)
Cementerio Militar de Mummassari (destruido)
→ Ataques soviéticos
→ Desembarco soviético el 14-02-1942
⇒ Contraataques alemanes

Otro éxito soviético fue el cruce del río y el avance hacia el oeste, al sur de la ciudad, a través de espesos bosques y pantanos helados. Aquí los soviéticos se abrieron camino hacia el territorio estonio hasta la línea ferroviaria Narva–Tallin.

Sin embargo, el avance en esta dirección se vió frustrado por la llegada de la *Panzergrenadier-Division «Feldherrnhalle»*, que empujó a las tropas soviéticas hacia lo más profundo de los bosques. Otro intento fallido de los soviéticos fue el desembarco cerca del pueblo de Meriküla, el 14 de febrero de 1944, a menos de diez kilómetros al oeste de Narva. Para esta operación se entrenó una unidad especial soviética de la 260ª Brigada Independiente de Infantería de Marina. Sin embargo, se encontró con un intenso fuego de artillería costera en las playas del Golfo de Finlandia y fue rechazada con grandes pérdidas sin ningún éxito. Esta operación de desembarco había sido planeada en junio de 1940, para el caso de que fracasara la ocupación pacífica de Estonia. Fueron los estonios los que pasaron esta información al ejército alemán, que estableció en el lugar una posición fortificada de artillería, lo que resultó fatal para los soviéticos.

Al comienzo de la batalla por Narva, la División *Waffen-SS* estonia todavía estaba incompleta y sus unidades, en tránsito. El 46º Regimiento, que quedó en reserva, fue el primero en llegar a la zona. Después de la llegada del 45º Regimiento, que en el camino hacia el frente ayudó a eliminar la cabeza de puente de Meerapalu, la división

El *SS-Unterscharführer* Harald Nugiseks obtuvo su Cruz de Caballero de la Cruz de Hierro en el frente de Narva, por su comportamiento en la fase de anulación de la cabeza de puente de Vepsküla, el 1 de marzo de 1944. En la imagen lo vemos el día 6 de marzo de 1944, varios días después de la acción que le otorgó la preciada condecoración alemana, por la que también obtuvo la EK-I (que lleva prendida en el bolsillo).

fue enviada al sector norte de la ciudad, donde reemplazó la mezcla heterogénea de unidades que se oponían a la ampliación de la cabeza de puente soviética. La división estonia se dividió en dos sectores: en el ala izquierda, el 46º Regimiento estaba desplegado entre los pueblos de Hungerburg, Kudruküla, Riigi y Vasa; el 45º Regimiento cubría la otra zona del frente, entre las aldeas de Vasa, Siivertisi y la propia Narva.

En el momento de la llegada de la división había una cabeza de puente soviética de dos kilómetros de ancho y más de 1,5 de profundidad, en la zona de los municipios de Vasa, Vepsküla y Siivertsi. Eliminarla se convirtió en la principal tarea para los estonios a partir de aquel momento. La división atacó el 21 de febrero y, aunque inicialmente fue rechazada con importantes pérdidas, finalmente logró expulsar a los rusos y anular la cabeza de puente. El éxito se pagó con muchas vidas, pero también significó una Cruz de Caballero de la Cruz de Hierro para la división: el sargento Harald Nugiseks.

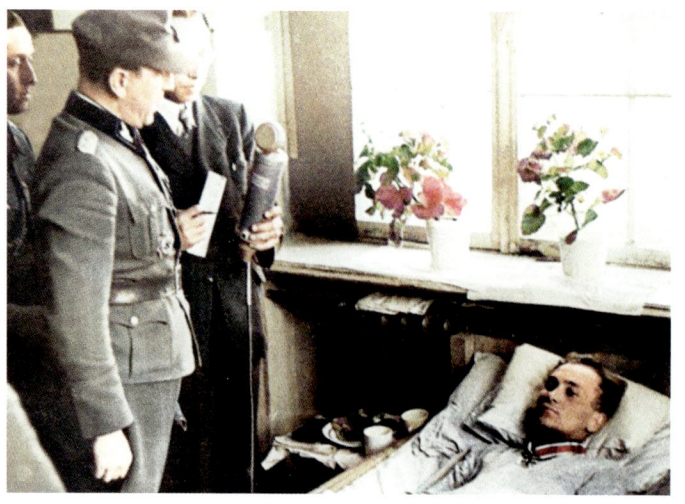

En la fase final del asalto, se hizo cargo del mando de la unidad, ya que casi todos los oficiales y suboficiales habían caído, animó a los hombres y envió un suministro de granadas de mano con las que se consiguió acabar con los soviets. Después de los combates cayó enfermo, fue hospitalizado, y en abril, en la cama del hospital, fue condecorado por el comandante de división, el *SS-Brigadeführer* Franz Ausberger por su extraordinario coraje en la batalla.

Arriba. El *SS-Brigadeführer* Franz Ausberger, jefe de la 20ª División Waffen-SS estonia, condecora con la Cruz de Caballero de la Cruz de Hierro al *SS-Unterscharführer* Harald Nugiseks en su cama del hospital, de Turi, donde se reponía de su enfermedad.

A finales de febrero, la división había rechazado tres intentos más de establecer una cabeza de puente. El 2 de marzo de 1944 soldados estonios del ejército soviético entraron en combate en la orilla este, enfrentándose de esta manera estonios contra estonios. Los días 6 y 7 de marzo, la ciudad de Narva fue víctima de bombardeos masivos por parte de la aviación soviética y quedó prácticamente arrasada. Las pérdidas de la división entre el 17 de febrero y el 8 de marzo de 1944, ascendieron a 879 hombres, de los que 142 fueron muertos.

Abajo. El *SS-Standartenführer* Julius Tuuling fue el jefe del 45° Regimiento Waffen SS estonio.

Los días 16 y 17 de marzo se produjeron intensos enfrentamientos, durante los cuales el Ejército Rojo logró romper las posiciones del II Batallón del 45° Regimiento. Los contraataques del I Batallón y parte del 46° Regimiento, bajo el mando del *SS-Standartenführer* Julius Tuuling hicieron retroceder a los soviéticos de las posiciones capturadas. El 1 de abril de 1944, los soviéticos atacaron en todo el frente, pero sin éxito. Este intento puso fin a la ofensiva invernal soviética en la zona. Todo el frente quedó paralizado y la situación no cambió significativamente hasta principios de mayo. Ambos bandos intentaron reunir tantas fuerzas como fuera posible.

En aquel momento, los alemanes contaban con casi 13 divisiones, con un total de 167 000 hombres. Sin embargo, la necesidad de trasladar muchas formaciones, como la división *Feldherrhalle*, a secciones más expuestas del frente oriental, debilitaron la defensa. También los soviéticos, desviaron algunas unidades a Carelia, donde se estaba preparando una gran ofensiva contra Finlandia; aun así, en el inicio de la siguiente ofensiva, había más de 200 000 soviéticos preparados para el asalto.

que acogió a la II Bandera, Jäneda, donde se establecieron la Plana Mayor y la I Bandera y Aegviidu, donde ya se encontraba el depósito de intendencia de retaguardia de la Legión Azul. Durante cinco largas semanas la «Legión Azul» estuvo en Estonia descansando, instruyéndose y esperando. Fue una etapa de paz para los españoles. Al estar lejos del frente pudieron relajarse, y en los momentos fuera de servicio, aunque no hubiera locales de ocio masivos como en las grandes urbes, pudieron visitar las localidades próximas y confraternizar algo con los habitantes del lugar. Como siempre tratán-

La «Legión Azul» y la «Legión Estonia» tuvieron destinos distintos y obligaciones diferentes. La primera iba a quedar acantonada en Estonia, como reserva del frente de Narva y a la espera de lo que decidiera su gobierno en orden a continuar la lucha contra el comunismo, y la segunda iba a defender su patria de la avalancha comunista en la primera línea de su frontera oriental. Los españoles se asentaron en el Condado de Lääne-Viru, entonces una zona muy tranquila del país, a lo largo del ferrocarril Narva-Tallin. Ocuparon varias poblaciones de este a oeste: Tapa, donde se ubicaron el puesto de la Gendarmería española y la III Bandera, Lehtse y Pruuna,

dose de españoles, las diferencias idiomáticas fueron franqueadas con mucho entusiasmo y mucha gesticulación. Lejos de allí en Madrid, los embajadores de los países aliados aumentaron su presión al gobierno español para que la «Legión Azul» dejase de ayudar a los alemanes. Amenazaban con cortar los suministros de petróleo que venían de los países anglosajones. Franco terminó cediendo y Hitler aceptó su demanda autorizando, el 20 de febrero de 1944, que la «Legión Azul» y la 5ª «Escuadrilla Azul» españolas fueran repatriadas. El 14 de marzo de 1944, en la Casa Mayor de Pruuna, la «Legión» española se despedía formalmente de la *Wehrmacht* abandonando Estonia para siempre y poniendo el punto final —oficial— de la lucha española contra el comunismo.

SS-UNTERSCHARFÜHRER HARALD NUGISEKS

Nació en 1921 en el municipio de Särevere (condado de Järva). Estudió en la Escuela Secundaria de Horticultura de Türi, en la que no se graduó, continuando sus estudios en la Escuela de Comercio de Paide en 1939. Después de la deportación soviética de junio de 1941, de la que la familia Nugiseks se libró por poco, el padre de Harald comenzó a esconderse en el bosque. Cuando empezó la guerra entre Alemania y la Unión Soviética, Harald y su hermano Avelinus, fueron movilizados en el Ejército Rojo, aunque ambos decidieron no presentarse

y refugiarse inmediatamente en el bosque. El primo y el tío de Harald fueron asesinados a bayonetazos y sus cuerpos arrojados al río Kolu, donde permanecieron hasta la llegada de las tropas alemanas. En agosto de 1941, Harald se unió a la *Wehrmacht* y participó en la liberación de Tallin formando parte del batallón del capitán Artur Asu. Luego sirvió en *Omakaitse* durante aproximadamente un mes. En otoño de 1941, Harald continuó sus estudios en la escuela secundaria comercial de Paide. Cuando los compañeros de la escuela decidieron unirse al ejército alemán, Harald también lo hizo. El 2 de octubre de 1941 se unió al 185º Grupo de Seguridad de Estonia (más tarde *Ost-Bataillon*) con un contrato de servicio de un año. El 6 de enero de 1942, la unidad fue enviada de Narva a Jamburg, que se convirtió en la ubicación de la 1ª Compañía del batallón. Los propios hombres comenzaron a proteger ferrocarriles, puentes y edificios en la región de Volossovo, que era la zona de influencia de los partisanos. Como todos sus camaradas, Nugiseks recibió la medalla «del primer invierno». Terminado el contrato de servicio de un año firmado por Nugiseks, éste no renovó y regresó a Estonia a finales de 1942. En mayo de 1943 se unió a la «Legión Estonia», acudiendo al campo de entrenamiento de Debica, en Polonia. Al haber combatido antes en el Grupo de Seguridad, Nugiseks fue enviado en agosto a la Escuela de Suboficiales de las SS en Lauenburg, cerca de Hamburgo (Alemania). En diciembre fue promovido

al empleo de *SS-Unterscharführer* (sargento) y se integró ya en la 3ª Brigada SS de Voluntarios de Estonia, participando en las batallas a las afueras de Nevel, donde resultó herido. El 21 de diciembre de 1943 se le concedió la Insignia de Herido en negro y la de Asalto de Infantería. El 27 de febrero de 1944 recibió la EK-II (Cruz de Hierro de 2ª clase) por su participación en los combates de Nevel. Por esas fechas, las unidades estonias fueron enviadas al frente de Narva para frenar la gran ofensiva del Ejército Rojo e impedir la conquista de territorio estonio. Desde el 19 de febrero de 1944, el *SS-Unterscharführer* Harald Nugiseks era jefe de sección en la 1ª Compañía del I Batallón del 46º Regimiento de Granaderos Waffen-SS . El 1 de marzo de 1944, comenzó el ataque de su unidad contra la cabeza de puente rusa de Vaasa–Vepsküla–Siiverts, en territorio estonio. El I Batallón del 45º Regimiento atacó de frente, mientras que el suyo lo hizo desde el flanco. Tras una corta preparación artillera, el ataque comenzó a las 07:05h. Cuando su compañía llegó al borde de las trincheras enemigas, los oficiales que lideraban el ataque fueron heridos. Parecía que todo había fracasado y los jefes de la operación se disponían a ordenar una retirada general, cuando llegó un mensaje por radio de que el I Batallón del 45º Regimiento había llegado a Vaasa, y necesitaba apoyo inmediato. El sargento Harald Nugiseks asumió el mando de su compañía y continuó su ataque con 20 hombres, utilizando

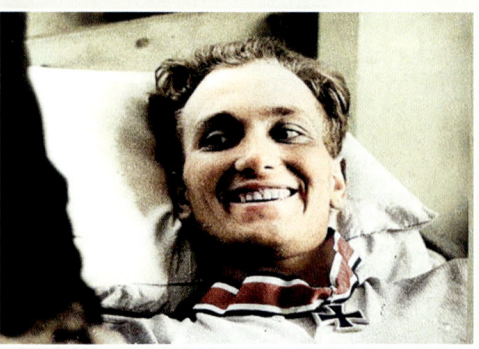

granadas y subfusiles. Fue un combate en las trincheras, que los estonios pelearon paso a paso con «tácticas de rodadura»: se lanzaba una granada en una esquina de la trinchera, seguida de una ráfaga de la pistola-ametralladora y los hombres avanzaban hacia la siguiente esquina de la trinchera; y así sucesivamente. Nugiseks quedó enterrado tres veces por el desprendimiento de tierra provocado por las explosiones, pero sus compañeros lo sacaron rápidamente y el ataque continuó. La resistencia de los soviéticos

en la trinchera terminó cuando los grupos de combate atacantes se unieron, siendo capturada y eliminada la amenaza. El 5 de marzo los estonios tomaron Vepsküla y al día siguiente, a las 23:00h se liquidaba toda la cabeza de puente. El 7 de marzo Harald Nugiseks era con-

decorado con la EK-I por su valentía y se le concedió un permiso. Mientras estaba de vacaciones, se resfrió y contrajo el tifus, complicándose en neumonía y otitis media, siendo tratado en el hospital de Türi. El 9 de abril de 1944 se le concedió a Harald Nugiseks la *Ritterkreuz*

por liderar el combate en la bolsa de Vasa-Vepsküla; era el segundo estonio y el primer suboficial que recibía tan alta distinción. El 20 de abril, el comandante de la 20ª División de las SS de Estonia y otras autoridades acudieron al hospital de Türi para entregar el alto galardón a Nugiseks. Después de su recuperación inicial, Nugiseks marchó a Italia para disfrutar de unas vacaciones adicionales en la ciudad de Meran, en Tirol del Sur, pasando antes por su casa de Karjaküla. En octubre de 1944, Harald regresó a la 20ª División, que ya estaba en Neuhammer. Desde el 5 de enero de 1945 hasta mediados de marzo, Nugiseks estudió en la Escuela de Oficiales de las SS en Neweklau, aunque no llegó a terminar el curso pues todos los cadetes fueron enviados al frente. Harald Nugiseks y otros estonios fueron capturados por partisanos checos, que los entregaron a los soviéticos. Fue enviado a Siberia en diciembre de ese mismo año. Nugiseks salió de prisión el 10 de noviembre de 1946, pero fue arrestado nuevamente el 13 de febrero de 1947 y sentenciado a diez años de prisión. Pese a que el 17 de septiembre de 1953 fue amnistiado, permaneció temporalmente en Siberia, regresando a Estonia en 1958. Finalmente se instaló en el distrito de Pärnu, donde construyó su casa en los años 70, y trabajó de jornalero. Se jubiló en los años 80. Tras la independencia de Estonia, el 21 de febrero de 1994, el jefe de las Fuerzas de Defensa, el general Aleksander Einseln, otorgó a Nugiseks el rango de capitán honorario del Ejército de Estonia. Harald Nugiseks murió el 2 de enero de 2014 y sus cenizas han sido depositadas en la iglesia de Tor.

La batalla de la línea «Tannenberg» (25 de julio-10 de agosto de 1944)

La Batalla de la línea «Tannenberg», también conocida como Batalla de las «Colinas Azules» o Batalla de «Sinimäe», tuvo lugar en el frente de Narva, entre el 26 de julio y el 10 de agosto de 1944, teniendo como contendientes al Ejército Rojo –con efectivos cercanos a los 200 000 hombres–, por una parte, y al Grupo de Ejércitos «Narva» –con menos de 25 000 soldados–, por otra.

Los combates duraron 16 días, alcanzando su punto culminante el 29 de julio, con el rechazo de la principal cuña ofensiva soviética. Las unidades de la *Waffen-SS* y de la *Wehrmacht* consiguieron aguantar todos los embates que lanzó el Ejército Rojo para capturar las llamadas «Colinas Azules», tres pequeñas elevaciones del terreno de entre 70 y 85 m sobre el nivel del mar, al oeste de la ciudad de Narva, conocidas en estonio como *Tornimägi* (al oeste), *Grenaderimägi* (en el centro) y *Pargimägi* (al este).

La batalla comenzó con la retirada del Ejército de «Narva» de la línea «Panther», ubicada en el río Narva, el 25 de julio de 1944, a la línea «Tannenberg», parte de cuyas posiciones defensivas estaban en los altos de Sinimäe, posiciones que eran el objetivo del Ejército Rojo. Fue una batalla en la que, ataque tras ataque, cada pedazo de tierra y trinchera se intercambiaban varias veces de manos.

La Batalla de Sinimäe fue la batalla más sangrienta jamás librada en suelo estonio, y como resultado de la misma se logró detener la enorme ofensiva soviética para conquistar toda Estonia. Este hecho permitió que 100 000 estonios escaparan hacia el oeste y ayudó a asegurar el frente sur de Finlandia, razón por la cual este país pudo salir de la guerra como un país independiente.

La Batalla de las «Colinas Azules» ha sido definida como la batalla de las naciones europeas contra el bolchevismo, el Verdún de Estonia e, incluso, las Termópilas de Estonia.

Las unidades soviéticas, traídas del frente de Carelia, se concentraron frente al río Narva; se trataba del 2º Ejército de Choque y el 8º Ejército, ambos muy superiores en personal y material a sus oponentes.

Un día antes del inicio de la gran ofensiva, el 24 de julio, dos divisiones de élite del 8º Ejército soviético, con carros de combate y más de 1500 piezas de artillería, lanzaron un ataque en Auvere, que fue rechazado ese mismo día. Tras una preparación artillera de más de una hora de duración, a las 05,00 h del 25 de julio de 1944 las tropas del Frente de Leningrado, al mando del mariscal Govorov, iniciaban la esperada ofensiva en el frente de Narva. El mando del Ejército de «Narva» había previsto retirarse ya a la línea «Tannenberg», abandonando la destruida ciudad y sus defensas, que habían aguantado incólumes desde enero de ese mismo año.

Página anterior, arriba. Un pelotón de soldados SS en las trincheras del frente de Narva. Son característicos los blusones de camuflaje y la MG 42.

Página anterior, abajo. El *Generalleutnant* Anton Grasser, fue el jefe del Ejército de «Narva», durante la Batalla de la línea «Tannenberg».

Abajo. Un soldado SS manejando un arma contracarros «*Panzerfaust*» en el frente de Narva.

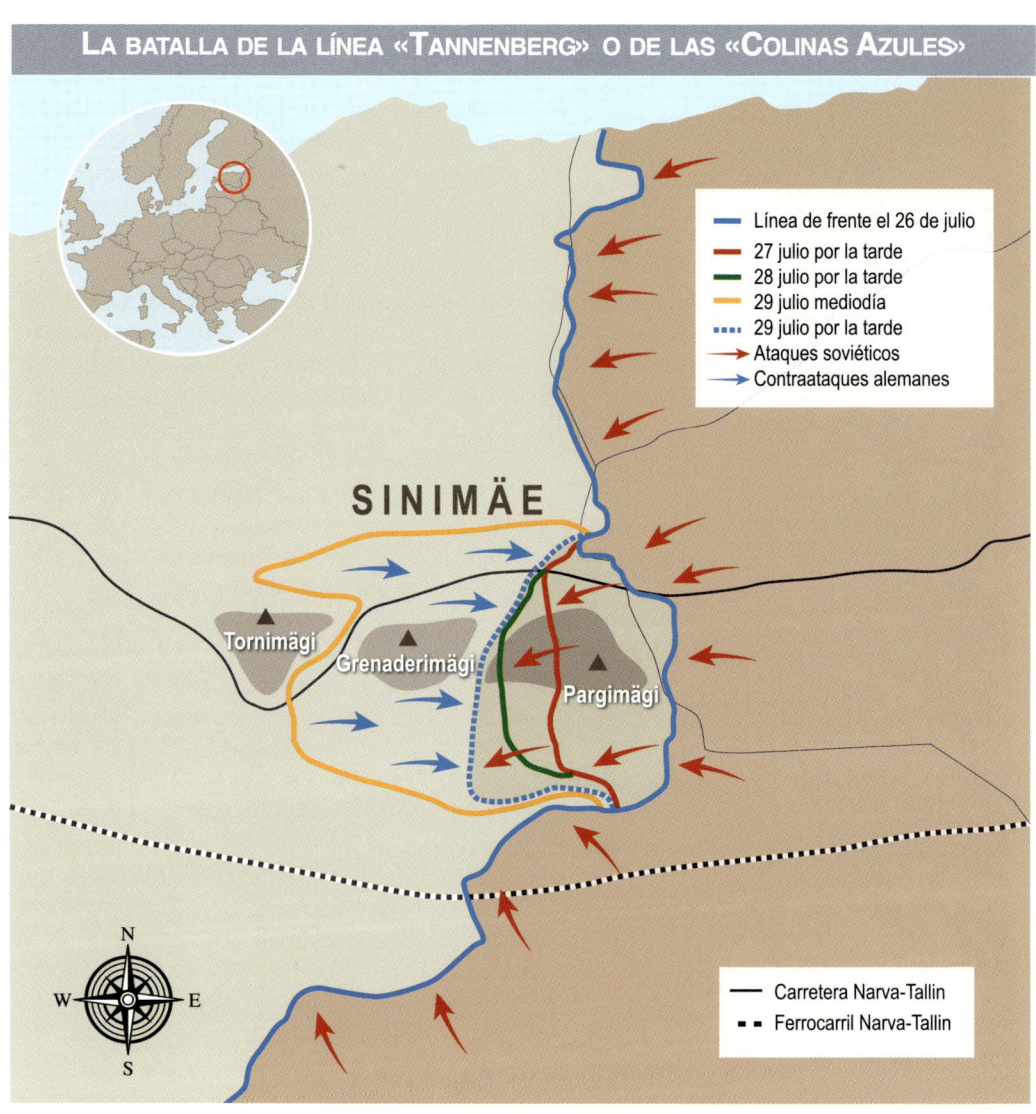

LA BATALLA DE LA LÍNEA «TANNENBERG» O DE LAS «COLINAS AZULES»

SINIMÄE

Tornimägi

Grenaderimägi

Pargimägi

- Línea de frente el 26 de julio
- 27 julio por la tarde
- 28 julio por la tarde
- 29 julio mediodía
- 29 julio por la tarde
- Ataques soviéticos
- Contraataques alemanes

Carretera Narva-Tallin
Ferrocarril Narva-Tallin

Durante la preparación artillera, los soviéticos destrozaron las posiciones del 46º Regimiento de la 20ª División Waffen-SS de Estonia, lo que permitió a las abrumadoras fuerzas del Ejército Rojo cruzar el río en poco tiempo y llegar a la carretera Tallin-Narva al mediodía, donde su avance fue detenido por unidades estonias y alemanas. Para acortar la línea del frente, el 26 de julio el *III.SS-Panzerkorps* abandonó sus posiciones a orillas del Narva en Jaanilinna para retomar la defensa 18 kilómetros al oeste, en Sinimäe. Las tropas estonio-alemanas estaban posicionadas al otro lado de la carretera de Mummassaare, que era perpendicular a la carretera Narva-Tallin.

El Ejército de «Narva», al mando del *Generalleutnant* Anton Grasser, además de las fuerzas alemanas, incluía tropas estonias,

Las tres «Colinas Azules» que eran el centro de la línea Tannenberg, fueron también el centro de la defensa alemana.

118

tallón de Infantería de Tartu. Riipalu marchó a Rusia con el 22º Cuerpo Territorial de Fusileros de Estonia en 1941, pero escapó del Ejército Rojo y regresó a Estonia en 1942. El 1 de abril de ese año, el teniente Harald Riipalu se convirtió en el comandante de la 3ª compañía del 36º *Schutzmannschaft Bataillon (F)* «Arensburg». El 19 de noviembre, el batallón fue enviado al frente de Stalingrado, recibiendo antes de partir todo el equipamiento alemán de primera línea, incluido el armamento. El 23 de noviembre de 1942, Riipalu se convirtió en comandante del 36º Batallón «*Schuma*». Desde 1943, Riipalu fue comandante de compañía y de batallón en la «Legión Estonia», y en 1944, comandante de batallón y del 45º Regimiento SS de Granaderos, de la 20ª División estonia. El 3 de agosto de 1944, el comandante del *III SS-Panzerkorps*, Felix Steiner, ordenó la formación de una unidad de choque en Putki para cerrar el frente, que había sido roto por el Ejército Rojo. Nombró al Obersturmbannführer Harald Riipalu como líder de un *Kampfgruppe* formado por el I Batallón del 45º Regimiento estonio, el 113º Regimiento de Seguridad y los cañones de asalto de la 20ª División estonia, junto alguna unidad del 47º Regimiento. En documentos alemanes, dicha unidad de ataque recibe el nombre de *Kampfgruppe* «Reymann» en honor al comandante de la 11ª División de Infantería alemana, Helmut Reymann. La unidad de Riipalu permaneció en las cercanías de Kurtna y Konsu después de liquidar el avance. El 23 de agosto de 1944, el *SS-Obersturmbahnführer* Riipalu, fue el tercer estonio en ser condecorado con la *Ritterkreuz* por su participación en la Batalla de Auvere, donde él y su regimiento rechazaron un ataque ruso masivo, que si hubiera tenido éxito, todo el Ejército de «Narva» habría sido aniquilado. Entre los años 1945 y 1948, Riipalu estuvo en Dinamarca, y posteriormente vivió en Inglaterra, primero con su familia cerca de Manchester, trabajando en una fábrica, y luego en Heckmondwike. Allí participó activamente en la promoción de los estonios en el extranjero. Riipalu murió a la edad de 49 años, el 4 de abril de 1961, en Heckmondwike como consecuencia de una insuficiencia cardíaca. Sus cenizas fueron depositadas en el cementerio de Dewsbury, donde se puso una placa conmemorativa.

H arald Reibach nació el 13 de febrero de 1912 en el asentamiento de Volossovo (San Petersburgo), donde vivía su padre, August Reibach. Cuando comenzó la Primera Guerra Mundial su familia se mudó a Estonia, al condado de Tartu. En el otoño de 1932, Harald comenzó sus estudios en la Facultad de Derecho de la Universidad de Tartu. En el verano de 1933 fue llamado a filas en Valka, en el 3º Batallón Independiente de Infantería. En otoño del mismo año realizó un curso de posgrado en la Escuela Militar de Tond, y se convirtió en oficial de reserva. Posteriormente ingresó como aspirante a oficial en la Escuela Militar. El 22 de diciembre de 1935, Harald se casó con Olvi Hain en Tartu y el 13 de noviembre de 1936 nació su hija, Ede. En 1935 también se graduó como oficial de infantería y fue ascendido a alférez, prestando servicio en el 1º Regimiento de Infantería de Narva, a donde se mudó con su familia. En 1938, Harald Reibach cambió su apellido, estonizándolo, pasando de Reibach a Riipalu. En enero de 1940, el alférez Riipalu fue transferido a la Liga de Defensa. Como en junio de 1940 la Liga de Defensa se disolvió por orden de las autoridades de ocupación rusas, Riipalu pasó al Ministerio de Guerra y luego al 2º Ba-

danesas, holandesas, noruegas, suecas, flamencas y valonas, siendo las dos grandes unidades, el *III SS Panzerkorps* y el XXVI Cuerpo de Ejército, además de varias unidades menores. De los 49 batallones de infantería que tomaron parte en la batalla, 25 eran estonios, unos integrados en la 20ª División y otros de policía y de guardia de fronteras –la mayoría de estos últimos pertenecientes a la División zbV 300, de la que hablaremos más tarde–.

Tras los dos primeros días de ofensiva soviética, el 27 de julio las defensas alemanas en las «Colinas Azules» amenazaban con colapsar. La situación llegó a ser tan grave que causó preocupación en el cuartel general del Grupo de Ejércitos «Norte». En la orden de ese mismo día, el *Generaloberst* Ferdinand Schörner exigió que el Ejército de «Narva» expulsara al enemigo de las posiciones tomadas. No se permitió la retirada y hubo que recuperar la colina *Pargimägi*. Esta decisión fue el origen de la destrucción del I Batallón del 47º Regimiento estonio.

Los combates del día 28 fueron terribles y menguaron más las defensas alemanas, aunque los soviéticos no fueron capaces de romperlas. Por la noche reinó un relativo silencio en la línea defensiva, lo que sólo podía significar otro gran ataque. Fue especialmente difícil organizar la defensa debido a la enorme superioridad de los rusos en el aire. Las únicas unidades que todavía podían llamarse

LA DESTRUCCIÓN DEL I BATALLÓN DEL 47º REGIMIENTO ESTONIO

La noche del 25 de julio de 1944, el I Batallón del 47º Regimiento estonio, al mando del *SS-Sturmbahnführer* Georg Sooden, junto con las compañías antitanque de la división estonia, habían tomado posiciones a ambos lados de la carretera Tallin-Narva, cerca de Konju, en la defensa de la 2ª línea de Narva, para evitar avances rusos y sostener el frente si fuera necesario. En la tarde del 27 de julio, los 450 hombres del Batallón Sooden fueron transportados en camiones. Mientras tomaban posiciones en el cementerio de Vaivara, el batallón fue atacado y perdió una cuarta parte de su personal. A las 22'00 h, el batallón estonio y el 11º Batallón de Zapadores (noruego-danés), recibieron la orden de

atacar a los soviéticos y tomar la colina *Pargimägi*. Al producirse el ataque, el batallón recibió fuego de artillería y cohetes soviéticos, resultando destrozado en menos de 10 minutos, al igual que ocurrió con los zapadores del 11º Batallón. La mañana del 28 de julio, sólo 30 de los 450 hombres del I Batallón del 47º Regimiento estonio que habían lanzado el ataque estaban operativos. El Batallón «Sooden» ya no existía. Los pocos combatientes del batallón que habían sobrevivido, permanecieron en el cementerio de Vaivara hasta el 8 de agosto de 1944. Georg Sooden murió el 28 de julio de 1944 en su búnker en la ladera occidental de la colina de Tornimägi, tras ser alcanzado por un fragmento de proyectil.

Supervivientes del I Batallón del 47° Regimiento estonio (Batallón «Sooden») en el cementerio de Vaivara, entre las tumbas, en un momento de reposo, después del 29 de julio de 1944.

reservas eran los batallones del 46° Regimiento de la 20ª División estonia, y un débil batallón SS valón.

Grasser informó a Schörner que si no se enviaban refuerzos de inmediato, el frente se rompería en la línea «Tannenberg». Schörner había comunicado a Hitler la situación en el frente de Narva, aunque nada se hizo para remediar lo inevitable.

El 29 de julio, con las unidades soviéticas que participaban en la batalla, reabastecidas de hombres y equipo, los mandos del Frente de Leningrado estaban convencidos de que romperían la línea alemana y arrasarían a los defensores. Govorov lanzó a la batalla todas las reservas a su disposición. La mañana comenzó con un intenso fuego de artillería soviética, como los días anteriores. Los rusos atacaron con gran fuerza, apoyados por unos 100 carros JS-2 y T-34. La primera línea de defensa en la colina *Grenaderimägi* se rompió y varios carros rusos se abrieron paso al sur de Sinimäe, hasta el cementerio, aunque no se atrevieron a subir a la *Grenaderimägi*, ya que varios de los que lo intentaron fueron destruidos por la batería antiaérea situada en lo alto de la colina.

Al mediodía del 29 de julio de 1944, el 109° Cuerpo de Fusileros prácticamente había ocupado todo Sinimäe. Sólo les quedaba a los alemanes la colina *Tornimägi*. Parecía que ya no se podía salvar nada, el camino del Ejército Rojo hacia Tallin estaba despejado y el destino de la batalla, decidido. Dado que la situación era extremadamente peligrosa, el general Steiner lanzó todas sus fuerzas blindadas, al mando del teniente coronel Paul-Albert Kausch, en un contraataque muy arriesgado. Los carros soviéticos, superiores en número, habían consumido casi toda su munición. Kausch, al recibir la orden, actuó con rapidez y precisión

SS-Sturmbahnführer Paul Maitla

Nacido como Paul Mathiesen el 27 de marzo de 1913 en Kärkna, era el menor de los tres hijos de la familia. Después de terminar la escuela secundaria, prestó su servicio militar en el 8º Batallón de Infantería en Valga. En 1937 ingresó en la Academia Militar para oficiales, saliendo nombrado alférez el 12 de agosto de 1938, pasando a prestar servicio en el 3º Batallón Independiente de Infantería de Valga. En febrero de 1939, Maitla ascendió a 2º teniente. Tras la Operación «Barbarroja», el 171º Regimiento de Infantería, donde prestaba servicio Paul Maitla, fue trasladado a Pskov, y más tarde, a las cercanías de Porhov. Allí se entregó junto a otros camaradas a los alemanes. Desde el 16 de julio hasta el 7 de noviembre de 1941, Maitla estuvo en los campos de prisioneros de guerra de Daugavpils, Ebenrod y Stablag. Tras ser liberado, el 18 de noviembre de 1941 se unió al 37º Batallón de Defensa, formado en Tartu, unidad que protegió los aeródromos alemanes en Pskov. En septiembre de 1942 Maitla fue ascendido a *Oberleutnant,* aunque un mes más tarde, en octubre, ingresó en la «Legión Estonia», que se estaba formando. En Pskov fue nombrado jefe de los primeros 113 voluntarios allí reunidos, que

marcharon al campo de entrenamiento de Heidelager para recibir entrenamiento, a donde llegaron el 13 de octubre. Desde allí, Maitla fue pasaportado al curso de actualización para oficiales SS en la Academia de Bad Tölz. A comienzos de abril de 1943 finalizó el curso y Maitla se convirtió en el jefe de la 3ª compañía del I Batallón del 1º Regimiento de Granaderos Voluntarios de las SS de Estonia. En el otoño de 1943, Maitla participó en los combates del Frente de Nevel al mando de su compañía, y por la valentía demostrada recibió la EK-II el 8 de diciembre. El 18 de diciembre se casó en Estonia con Aino Angerjas, naciendo su hija Kai en otoño de 1944. En marzo de 1944 fue ascendido a *Hauptsturmführer* y en abril de 1944 se le dio el mando del I Batallón del 45º Regimiento de la 20ª División de las SS. El 24 de julio de 1944, Maitla participó con su batallón en el rechazo de un ataque a gran escala de los rusos en Auvere, actuación que le valió la EK-I. Cinco días más tarde, el 29 de julio, llevó a cabo un contraataque decisivo con su batallón en la batalla de la línea «Tannenberg», en la reconquista de *Grenaderimägi*, por lo que el mando alemán, el 23 de agosto de 1944, le concedió la más alta condecoración: la *Ritterkreuz*. Después de dicha batalla, Maitla y su batallón fueron integrados en el *Kampfgruppe* «Vent», y enviados al frente de Tartu, donde fue herido en el hombro el 23 de agosto. Del hospital de Tartu, vía Tallin, marchó a Alemania en barco, permaneciendo en el hospital militar de Bregenz hasta finales de año. Sin embargo su mujer, con su hija recién nacida, no pudo salir de Estonia. A finales de enero de 1945 se convirtió en el jefe del 45º Regimiento de la 20ª División de Granaderos de Estonia, sustituyendo a Harald Riipalu cuando este enfermó. El 20 de abril de 1945 fue ascendido a *Sturmbannführer*. El destino de Paul Maitla no estuvo claro durante décadas, hasta 2005, que se supo de su muerte. En 2008 se encontró información en los archivos de la ciudad checa de Nymburk. Los documentos aparecidos revelan que Maitla fue arrestado el 9 de mayo de 1945 y asesinado por los partisanos comunistas checos, junto a otros cuatro soldados estonios de su unidad, en el primer día de paz tras el fin de la Segunda Guerra Mundial en Europa.

LOS COMBATES EN NARVA (FEBRERO-AGOSTO 1944)

Parecía que estábamos reviviendo las batallas de Verdún y El Somme de la Primera Guerra Mundial... Los restos de los tanques enemigos humeaban frente a nuestras posiciones... Cuatro comandantes de unidad cayeron en estas batallas: el comandante del Regimiento «Norge», el *Obersturmbahnführer* Arnold Stoffers; el comandante del 49º Regimiento («de Ruyter»), *Obersturmbahnführer* Hans Collani; el comandante del Regimiento «Danmark», *Obersturmbahnführer* Hermenegild Graf von Westphalen zu Fürstenberg y el comandante de la División «Nordland» de la Waffen-SS, *Gruppenführer und Generalleutnant* de la Waffen-SS Fritz von Scholtz.

Del diario del *Obergruppenführer* Felix Steiner

con sus blindados. Con un grupo de ellos atravesó el cementerio de Vaivara a lo largo de la carretera de Narva, entre *Grenaderimägi* y *Tornimägi*, destruyendo un carro tras otro en combate directo, y empujando a los restantes de regreso a sus posiciones iniciales.

En la reserva del comandante del *III SS-Panzerkorps*, Felix Steiner, en ese momento solo había una unidad de combate, que había sufrido grandes pérdidas, pero que era capaz de combatir. Se trataba del I Batallón del 45º Regimiento estonio, al mando del *Hauptsturmführer* Paul Maitla, a quien se le ordenó recuperar *Grenaderimägi*. Valorando la situación, el oficial estonio consideró que tenía personal suficiente para esa acción y Maitla se lanzó con sus hombres al ataque. Junto con los noruegos, al mando de Bachmeier, y hombres de otras unidades,

Terrible secuencia en la que se puede ver la entrega de Paul Maitla y varios de sus hombres a los partisanos comunistas checos, y el momento en el estos los fusilan y los exhiben como trofeo.

fijaron su posición inicial en la ladera oriental de *Tornimägi*, e inmediatamente después de que se detuvo el ataque de los tanques soviéticos, atacaron *Grenaderimägi*. Antes de llegar a la cima de la colina, sonó un poderoso hurra de estonios y noruegos, que confundió a los soviéticos. Se produjo un sangriento combate cuerpo a cuerpo y el enemigo fue rechazado. En la tarde del 29 de julio, ya no quedaban rusos en *Grenaderimägi*. Con la euforia del momento, intentaron recuperar *Pargimägi*, la colina situada más al este, pero fueron rechazados y regresaron a *Grenaderimägi*.

Paul Maitla fue el cuarto estonio en recibir la Cruz de Caballero de la Cruz de Hierro, por liderar la reconquista de *Grenaderimägi*. La noticia de la gran victoria defensiva lograda la tarde del 29 de julio de 1944 en Sinimäe, llegó pronto al Grupo de Ejércitos Norte y su comandante, el *Generaloberst* Schörner, se dirigió personalmente al *Generalleutnant* Grasser, jefe del Ejército de «Narva», para felicitarle y pedirle que transmitiera las felicitaciones al comandante *III SS-Panzerkorps*, Felix Steiner, y a todos los jefes de unidad y soldados que habían participado en los combates.

El 30 de julio, la preparación artillera fue incluso más intensa que el día anterior. Las unidades soviéticas atacaron nuevamente *Grenaderimägi*, pero el batallón de

Arriba. Los combates en la batalla de la línea «Tannenberg» fueron brutales. En la ilustración, unos granaderos alemanes intentan desalojar a soldados soviéticos de una posición de las «Colinas Azules».

Abajo. Dos soldados del *III SS-Panzerkorps* manejan una MG 34 en los combates por las «Colinas Azules», en julio de 1944.

Arriba. *Hauptsturmführer* Hando Ruus. Quedó al mando del Batallón «Narva» tras la muerte de su jefe. Fue el único estonio que recibió la Cruz Alemana en Oro durante el conflicto.

Abajo. El mariscal de la Unión Soviética Leonid Govorov, al mando del Frente de Leningrado, fue el encargado por Stalin de conquistar a cualquier precio, los países bálticos. Y todo pasaba por Narva y las «Colinas Azules».

Maitla junto a los noruegos y otras unidades, resistieron. En los combates que se produjeron este día era muy difícil saber quién controlaba qué posición y en qué momento, ya que el fuego de artillería de ambos bandos fue tan intenso, que la mayoría de los combatientes atacantes quedaron fuera de línea antes de que se alcanzara el objetivo del asalto. Con el apoyo de carros de combate, el Ejército Rojo intentó atravesar la línea que defendía el II Batallón del 47º Regimiento estonio, pero fue rechazado por los combatientes de la unidad al mando del *SS-Obersturmbahnführer* Alfons Rebane.

Los soviéticos seguirían insistiendo los siguientes días en destruir la línea «Tannenberg», tras una durísima reprimenda a Govorov por parte de la Stavka: Stalin quería presionar a Finlandia para que saliera de la guerra y dejara de apoyar a los alemanes, y para ello había que entrar hasta el corazón de Estonia.

El 3 de agosto moría en combate el *SS-Obersturmführer* Oskar Ruut, comandante en funciones del Batallón «Narva», aplastado por un T-34 en Sinimäge. El batallón quedaría al mando de Hando Ruus –único condecorado estonio con la Cruz Alemana en Oro–, permaneciendo en el frente hasta el 6 de agosto, fecha en la que fue retirado de Sinimäe y enviado a la región de Kuremäe para reponerse y recibir refuerzos.

El 8 de agosto, el I Batallón reforzado del 46º Regimiento fue enviado al campamento de Kurtna junto con el II Batallón del 47º Regimiento. Sobre la base de estas unidades, el 13 de agosto se formaría el *Kampfgruppe* «Rebane», que fue enviado al frente de Tartu, donde sería casi aniquilado. También el 8 de agosto, lo que quedaba del I Batallón del 47º Regimiento fue retirado del antiguo cementerio de Vaivara y enviado al frente en Krivasoo. Posteriormente, el batallón se retiró a Alemania a través de Letonia.

El 10 de agosto de 1944, habiendo perdido toda esperanza de atravesar la línea «Tannenberg» y las «Colinas Azules», el mando soviético ordenó al cuartel general del Frente de Leningrado que detuviera los ataques.

Dos días más tarde el I Batallón del 45º Regimiento abandonaba sus posiciones en Sinimäe y era enviado al campamento de Kurtna para reponerse. El día 18 de agosto acudía al frente de Tartu como parte del *Kampfgruppe* «Vent», que incluía también los batallones I y II del 46º Regimiento. A mediados de septiembre de 1944 la 20ª División *Waffen-SS*

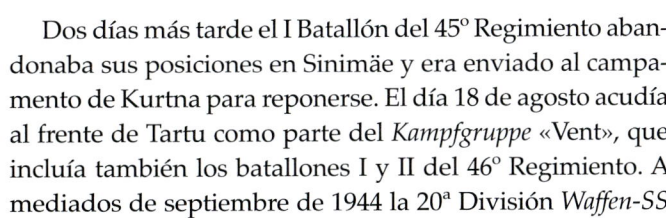

LA BATALLA DE TARTU (AGOSTO-SEPTIEMBRE 44)

La Batalla de Tartu también ha sido llamada Batalla del Frente de Tartu o Batalla de Emajogi. El objetivo táctico del 3º Frente Báltico soviético en agosto de 1944, era derrotar a las fuerzas del 18º Ejército alemán y capturar la emblemática ciudad de Tartu, con la vista puesta en la rápida ocupación de Estonia continental. El 10 de agosto, las fuerzas del 3º Frente Báltico rompieron la línea de defensa de Marienburg, en el noreste de Letonia, defendida por el el XXVIII Cuerpo de Ejército del *Heer*. El 67º Ejército soviético avanzó hacia Vöru, mientras que el 1º Ejército de Choque lo hizo hacia Aluksne. El 11 de agosto, el 116º Cuerpo de Fusileros capturó Petseri y dos días más tarde, el Ejército Rojo conquistaba Vöru. Seis divisiones y unidades más pequeñas de los cuerpos de ejército alemanes XXVIII y XXXVIII se enfrentaban al Ejército Rojo en el sur de Estonia, con la 207ª División de Seguridad en la retaguardia. Para la defensa de Tartu, los alemanes constituyeron el denominado *Kampfgruppe «Wagner»*, formado a partir de varios batallones de las divisiones nº 11 y 20 de la *Waffen-SS*, la División de Seguridad alemana nº 94, así como dos regimientos de fronteras estonios y otras pequeñas unidades. El *Kampfgruppe* fue enviado apresuradamente a la zona el 18 de agosto, aunque tan sólo pudo frenar el avance soviético, no detenerlo. En ese momento, las condiciones en el sudeste de Estonia ya eran catastróficas para los alemanes: el Ejército Rojo había atravesado sus líneas de defensa y ya estaba llegando al río Emajogi . El Grupo de Ejércitos Norte envió a Von Strachwitz con sus panzer a Elva para asestar un golpe al flanco del 67º Ejército que atacaba Tartu. El plan, que

devino en la conocida como batalla de Tamsa, el 24 de agosto, fracasó debido a la fuerte resistencia enemiga. Durante la batalla, murió el comandante de la 189ª División de Fusileros soviética, el general Pavel Potapov. Para entonces, el Ejército Rojo disponía de nuevas unidades blindadas, llegadas a Tamsa. El grupo panzer alemán se retiró a la orilla norte del Emajogi , donde participó en batallas alrededor de Tartu hasta la segunda semana de septiembre. El Ejército Rojo, con el apoyo de la 282ª División de Fusileros, la 16ª Brigada Acorazada, el 361º Regimiento Móvil de la de Guardia de Artillería y el 1433º Regimiento Móvil de Artillería, avanzaron hacia el norte y alcanzaron la carretera Tallin-Tartu, al oeste de Tartu, cruzando el río Emajogi por el puente Kärevere, que no había sido volado. La 16ª Brigada Acorazada soviética se dirigió hacia Voldi para aislar al *Kampfgruppe* alemán del resto del Ejército de «Narva». El 25 de agosto, cuatro divisiones de fusileros capturaban Tartu en feroces batallas callejeras. El 30 de agosto, el III Batallón del 46º Regimiento estonio, formado por «Muchachos Finlandeses», junto con los batallones de Policía 37º y 38º y la unidad acorazada alemana de Hyazinth von Strachwitz, rompieron la peligrosa cuña acorazada soviética en Voldi y recuperaron el puente de Kärevere. El intento de liquidar la cabeza de puente por parte del *Kampfgruppe «Rebane»* y varias unidades alemanas los días 4 y 6 de septiembre no tuvo éxito. Durante la ofensiva sobre Riga, el 3º Frente Báltico soviético atacó el 14 de septiembre al XXVIII Cuerpo de Ejército alemán –que

Hyazinth von Strachwitz

incluía batallones *Omakaiste*– en la sección Valga-Vortsjärve. En feroces batallas, las unidades alemanas y estonias mantuvieron el frente, frustrando el plan de las fuerzas soviéticas de cercar al Ejército de «Narva». El mando alemán decidió dejar atrás Estonia y lanzó la operación de retirada «Aster» el 16 de septiembre. A la mañana siguiente, el 2º Ejército de Choque soviético atravesó todo el frente de Emajogi y comenzó el ataque a Tallin.

de Estonia disponía de 15 500 combatientes en todas las unidades, después de recibir refuerzos.

El 18 de septiembre a las 13,00 horas comenzó el abandono general de las posiciones de la línea «Tannenberg», retirada programada en un plan que se denominó «Aster». El abandono estuvo motivado por el avance del Ejército Rojo en el norte de Letonia y sur de Estonia, que amenazaba con atrapar a las tropas alemanas que defendían la línea. La última unidad estonia en dejar sus posiciones fue el II Batallón del 45° Regimiento.

Mayo de 1945. Los estonios de la 20° División con su bandera al frente –para identificar la nacionalidad a sus captores–, pese al uniforme alemán.

La retirada general del Ejército de «Narva» fue cubierta por el *Kampfgruppe* «Riipalu», al mando del *SS Obersturmbahnführer* Harald Riipalu. La retirada se desarrolló según lo previsto y la mayoría de las tropas llegaron a los puntos de reunión designados, salvo una pequeña parte que cayeron en las batallas de Avinurme y Porkuni, de las que ya hablamos anteriormente.

Tras la orden de retirada general, muchos de los soldados de la 20ª División *Waffen-SS* estonia decidieron quedarse en su tierra y seguir la lucha contra los comunistas, encuadrados en las unidades partisanas de los «Hermanos del Bosque». Los que marcharon a Alemania fueron integrados en una renovada 20ª División que se reorganizó en Neuhammer, 100 kilómetros al noroeste de Wroclaw, en la actual Polonia, aunque sólo se formaron dos regimientos porque no había suficientes hombres para un tercero.

La reorganizada división volvería a combatir en febrero de 1945, en la ofensiva del Vístula-Óder, defendiendo la línea entre los ríos Oder y Neisse, quedando atrapada junto con el XI Cuerpo de Ejército alemán en el área de Oberglogau-Falkenberg. El 19 de marzo de 1945, la 20ª División logró escapar de la bolsa tras una ruptura del cerco en torno a la localidad de Goldberg, aunque perdió todo su material. Tras la muerte en combate del comandante de la división, *Brigadeführer* Franz Ausberger, en marzo de 1945, fue nombrado nuevo jefe el *Brigadeführer* Berthold Maack, ejerciendo hasta el final del conflicto.

Los últimos combates de la 20ª División estonia tuvieron lugar en las afueras de Praga (Chequia), los primeros días de mayo de 1945, cuando se produjo la insurrección de la Resistencia checa y el Ejército Rojo amenazaba la capital. La mayoría de los estonios se retiraron hacia el oeste, aunque medio millar de ellos cayeron en manos de los partisanos comunistas checos, y muchos fueron torturados y asesinados.

EMBLEMAS DE CUELLO DE LA 20ª DIVISIÓN WAFFEN SS

Los parches de cuello específicos de las unidades estonias variaron considerablemente durante la guerra. No existen fuentes escritas sobre este asunto y la documentación de época se reduce a fotografías.

• **PARCHES NEGROS**. Después de la formación de la «Legión Estonia», entre 1942 y 1943 la unidad tuvo que usar parches negros vacíos en el campamento de prácticas de Debica (después Heidelager, en Polonia) y otros lugares. Durante el despliegue cerca de Nevel (Rusia), los estonios todavía tenían parches negros. Por eso existe la idea errónea de que los voluntarios estonios no eran dignos de llevar runas de las SS. Sin embargo, lo cierto es que, debido a una producción insuficiente, las runas no se entregaron a tiempo.

• **RUNAS SS**. Los miembros de la «Legión Estonia» solo recibieron runas SS después de completar el entrenamiento y prestar juramento. Los únicos que llevaron parches con runas de las SS desde el principio fueron los hombres del «Batallón Narva», que formaba parte de la *SS-Panzergrenadier-Division «Wiking»*.

• **BRAZO CON ESPADA (ARTESANAL)**. Los estonios no esperaron a que los alemanes tuvieran listos los parches oficiales y por eso mostraron su propia iniciativa. Usaron un motivo nacional tomado de la *Vabadusristi* (Cruz de la Libertad), un brazo con armadura con una espada que protege la letra E sobre el corazón. Se trataba de variantes bordadas o de aluminio, fabricadas con cartuchos de bengalas disparados. Como se trataba de una producción hecha a mano en una sola pieza, los diseños individuales se diferenciaban en los detalles. El mismo símbolo también fue pintado en los vehículos.

• **BRAZO CON ESPADA (VARIANTE DE TARTU)**. La ciudad de Tartu estaba esperando que sus soldados regresaran a casa, por lo que decidió encargar la fabricación de nuevos parches de cuello. En la fábrica local de instrumentos quirúrgicos comenzó la producción de emblemas metálicos. Dichos emblemas fueron hechos a máquina y luego terminados a mano. Por eso, cuando el *Hauptsturmführer* Harald

Riipalu llegó a Tartu con su batallón del 45º Regimiento *Waffen-SS*, se celebró una ceremonia en su honor durante la cual, el alcalde de la ciudad, Paul Keerdoja, les entregó los nuevos parches para el cuello como regalo. Esta versión se hizo muy popular entre los legionarios. Posteriormente, el *Sturmbannführer* Paul Vent, encargó también los parches en Tartu para el resto de la unidad. Aun así, todavía no era una variante oficial.

• **Espada con «E» (Primera versión oficial)**. En el verano de 1944, el mando alemán plasmó la primera variante oficial de parches para el cuello. La insignia se basó en tipos no oficiales anteriores. Sin embargo, se quitó el brazo y se colocó la espada sobre la letra E. Estas variaciones lo hicieron impopular entre los soldados estonios. El mando estonio presentó su propio diseño para una nueva versión de parche oficial.

• **Brazo con espada (Segunda versión oficial)**. La segunda versión oficial del parche estonio se basó en el diseño del *Sturmbannführer* Harald Riipalu y otros oficiales estonios. A través del comandante de la 20ª División, Franz Augsberger, esta propuesta llegó al *Reichsführer SS* Heinrich Himmler. Este últi-

mo, después de leer la explicación de Riipalu, permitió el uso de tipos de insignias no oficiales y se comenzó a trabajar en una nueva segunda variante oficial. Esta variante se distribuyó a la 20ª División desde octubre de 1944 hasta enero de 1945, tras su reorganización en Neuhammer (Polonia). Con ella se produjo una sustitución completa de todas las variantes anteriores. Esta variante se convirtió así en la más popular entre los estonios.

Major Alfonse Rebane
(*Ritterkreuz*: 23-II-1944)

Primer emblema de cuello
de la 20ª División

Segundo emblema de
cuello de la 20ª División

SS *Unterscharführer* Harald Nugiseks
(*Ritterkreuz*: 9-IV-1944)

SS *Obersturmbannführer* Harald Riip
(*Ritterkreuz*: 23-VIII-1944)

Emblema de nacionalidad
del 658º *Ost-Bataillon*

Emblema de nacionalidad
de la 20ª División

Alfons Rebane fue el soldado estonio más condecorado de la Segunda Guerra Mundial. Un hombre que se convirtió en leyenda durante su vida y un ejemplo de valentía y generosidad para sus soldados. Su talento especial como comandante salvó en varias ocasiones de la destrucción a varias unidades y hasta 15 veces fue capaz, con sus hombres, de romper el asedio al que estaban sometidos. Alfons Vilhelm Robert Rebane nació el 24 de junio de 1908 en Valga. Terminó la escuela secundaria en Narva. Tras graduarse en la Escuela Militar de Tondi, el primer lugar en el que prestó servicio en 1929 fue el Regimiento de Trenes Blindados de Tapa. En 1935, fue nombrado instructor de la Liga de Defensa de Estonia, en Viljandi. En 1939 el Ministerio de la Guerra nombró a Rebane comandante en Lihula, y durante la la ocupación soviética de 1940 era jefe del grupo ligero del Regimiento de Tanques de Tallin. En el verano de 1941, Alfons Rebane inició su lucha contra el Ejército Rojo en los bosques de Virumaa. Se unió al ejército alemán en septiembre de 1941 y junto con su compañía realizó varias tareas de servicio en Krasnoye Selo. La primera gran misión de combate llevó a Rebane y sus hombres al Frente del Vóljov en enero de 1942

para impedir el avance del II Ejército de Choque Ruso. En agosto, fue nombrado comandante del 658º *Ost-Bataillon*. Esta unidad de combate se hizo conocida popularmente como el «batallón de zorros» (en estonio, rebane significa zorro). En febrero de 1943, el batallón fue trasladado al frente de Leningrado, donde el intento del Ejército Rojo de aislar al 18º Ejército alemán fue impedido en Krasny Bor. Si el avance del enemigo hubiera tenido éxito, los rusos habrían estado frente a Narva en marzo del mismo año. En enero de 1944, el batallón fue transferido a la orilla oriental del río Vóljov, donde los hombres cubrieron la retirada de los alemanes durante la gran ofensiva del Ejército Rojo. A pesar de la superioridad enemiga, Rebane causó grandes pérdidas a los rusos, especialmente en Surkovo y Vaskovo, salvando a varias unidades alemanas del cerco y logrando salir del mismo con su batallón. Por esos hechos, el 23 de febrero de 1944 fue condecorado con la *Ritterkreuz,* siendo el primer soldado estonio en recibirla. A principios de febrero de 1944, Rebane se enteró de que el Ejército Rojo estaba ya en Narva y pidió al mando militar que

trasladaran a los batallones formados por estonios, a su patria. Su batallón fue traspasado a la «Legión Estonia» e integrado en la 20ª División *Waffen-SS* entre abril y mayo de 1944. Para los estonios había comenzado la Segunda Guerra de Independencia. Alfons Rebane se convirtió en jefe del II Batallón del 47º Regimiento. En aquel momento, el Ejército Rojo había reunido alrededor de 200 000 hombres en el frente de Narva. Rebane paró con sus hombres al II Ejército de

Choque y trató de impedir que el enemigo cruzara el río Narva, pero no pudo. Se le ordenó retirarse a la línea Tanneberg, en Sinimäe, donde, junto con otros batallones estonios, holandeses, daneses, alemanes, valones y suecos lograron detener el principal ataque del

Ejército Rojo. El 26 de julio de 1944, asumió el mando del 46º Regimiento de Granaderos *Waffen-SS*. Con su regimiento tuvo que soportar las durísimas batallas de las «Colinas Azules», incomparables en su ferocidad con cualquier otra de la Segunda Guerra Mundial: el Ejército Rojo tuvo más de 120 000 bajas en los combates. En septiembre de 1944 Rebane y sus hombres fueron enviados al sur de Estonia, participando en los combates en el río Emajogi, consiguiendo escapar. El 24 de septiembre cruzaba la frontera entre Estonia y Letonia con los hombres que le quedaban, llegando a Neuhammer (Alta Silesia), donde se refundó la 20ª División estonia.

El 9 de noviembre de 1944, Rebane fue ascendido a SS-*Obersturmbannführer* (teniente coronel). En enero de 1945, el Ejército Rojo había cruzado el río Oder y, a principios de marzo, las unidades estonias de la 20ª División –integrada en el *LVI Panzerkorps,* junto a los restos de la 168ª División de Infantería–, quedaron rodeadas entre Glatzer Neisse y el Oder, cerca de Oppeln, por las fuerzas blindadas soviéticas. En marzo, al mando del nuevo comandante de la División, el *Oberführer* Berthold Maack y del propio Alfonse Rebane, jefe de la infantería, los estonios lograron salir de la «bolsa». Por su actuación en los feroces combates, el jefe del *LVI Panzerkorps,* general de caballería Rudolf Koch-Erpach, propuso a Alfons Rebane para las Hojas de Roble. Se las concedieron los últimos días de la guerra y Rebane se enteró después de 30 años. En marzo de 1945 fue ascendido a SS-*Standartenführer* (coronel). Al final de la guerra también se convirtió en 2º Comandante de la 20ª División de Granaderos *Waffen-SS*. El coronel Rebane se entregó a los estadounidenses y rehizo su vida en Alemania falleciendo en Ausburgo el 8 de marzo de 1976. El 12 de marzo de 1999 sus cenizas fueron removidas de la capilla del crematorio Westfriedhof, de Augsburgo, y llevadas a Estonia. Desde entonces sus restos reposan en el Cementerio Forestal de Tallin. Rebane fue el modelo de jefe militar que respetaba a sus soldados, y ellos, en reciprocidad, también le respondían de la misma manera, estando dispuestos a sacrificar sus vidas por él. Creían en Alfons Rebane y él nunca los defraudó. Su lema era: «¡El mayor logro en la batalla es volver con vida con tus hombres!»

Estonios en el Regimiento JR-200 y en la Marina finlandesa

Voluntarios estonios en un vagón de tren camino del frente. Además de fusiles de repetición, también llevan el famoso subfusil finlandés «Suomi» Mod. 1931 con cargador circular.

Ya en el otoño de 1939, muchos estonios se plantearon ayudar a Finlandia en la llamada «Guerra de Invierno» contra la URSS. Los primeros voluntarios estonios llegaron a Finlandia en diciembre de 1939, y fueron reunidos en una unidad de 56 hombres que se pasó prácticamente todo el conflicto entrenando en Lapua. La unidad, formada con voluntarios de varios países se denominó «Sisu» y en ningún momento se permitió a este grupo participar en combate.

Los estonios afirmaron que querían luchar «Por la libertad de Finlandia y el honor de Estonia». Sentían que estaban actuando como lo hicieron los «*Pohan Pojat*» («Hijos del Norte» finlandeses), que ayudaron a Estonia en 1919, en su Guerra de Independencia contra los bolcheviques. Algunos de los estonios presentes en Finlandia se unirían en 1940 al llamado grupo «Erna», del que ya hemos hablado en páginas anteriores, tomando parte en acciones de combate.

Al comienzo de la Guerra de Continuación, la mayoría de los voluntarios estonios se habían integrado en el Batallón de Voluntarios sueco (formando parte del Regimiento de Infantería JR-55), situado en el frente de Hanko. Después de la disolución del batallón sueco, en diciembre de 1941, los estonios pasaron a otras unidades, aunque la mayoría se integró en el III Batallón del Regimiento JR-47, al mando del sobrino del mariscal Mannerheim, el mayor Claës Gripenberg, bautizandose a este batallón con el nombre de «Vallila». En el verano de 1942, la unidad se encontraba en el frente de Rajajoki, y los estonios ya habían entrado en combate, demostrando su valor como soldados. La unidad pronto tuvo 300 estonios en sus filas.

Arriba. Un oficial finlandés pasa revista a un grupo de voluntarios estonios del JR-200.

Abajo. Un soldado estonio uniformado como finlandés, se fotografía en posición «guerrera» con un subfusil «Suomi» Mod. 1931 fabricado en Finlandia.

A comienzos de 1943, Alemania comenzó a implementar el servicio militar obligatorio en Estonia, sin embargo, muchos estonios no querían luchar en el ejército alemán, sintiéndose más cercanos al ejército finlandés, al que admiraban. Algunos de los estonios que huyeron de la recluta alemana llegaron a Finlandia ya en la primavera y el invierno de 1943. En abril de 1943, Wiljo Einar Tuompo, jefe del estado mayor del ejército finés, comunicó a los alemanes que Finlandia podría conseguir fácilmente entre 10 000 y 15 000 voluntarios de Estonia, pero las autoridades germanas se opusieron, obligando a los estonios a incorporarse a la *Waffen SS*, a las fuerzas de policía y al Servicio del Trabajo.

En el otoño de 1943 llegaba a Finlandia un grupo de voluntarios, con los que, tras su entrenamiento, el 8 de febrero de 1944 se formó el Regimiento de Infantería 200 (JR-200). El teniente coronel finlandés Eino Kuusela, graduado de la Academia Militar de Estonia antes de la guerra, fue designado comandante del regimiento, que se integró en el IV Cuerpo de Ejército finlandés. Tenía dos batallones y una fuerza de unos 1850 hombres. En la bandera finlandesa del regimiento estaba bordada la leyenda: «*Isamaa auks–svojevde padiks*». («Por el honor de la patria, por la seguridad del futuro»). Los voluntarios estonios tuvieron que luchar en el frente prácticamente de inmediato.

El JR-200 participó en contraataques en Rajajoki, Kannakse y Viipuri. Después de las batallas más duras, el JR-200 fue trasladado a la zona de Vuoksi, donde los combates se convirtieron principalmente en una guerra de posiciones.

Cuando Finlandia firmó la paz con la URSS, a los miembros del JR-200 se les dio la opción de regresar a Estonia y alistarse allí en el ejército alemán, o quedarse en Finlandia y, posiblemente, continuar viaje a Suecia. Al final, 1752 hombres decidieron regresar a su patria a luchar contra los soviéticos, y unos 200 estonios se quedaron en Finlandia. Después del armisticio finlandés, los estonios se incorporaron a la vida civil, ofreciéndoles la oportunidad de mudarse a Suecia, algo que la mayoría aceptó. Fueron 260 los estonios que se distinguieron en combate, recibiendo condecoraciones finlandesas. La despedida del JR-200 se llevó a cabo el 18 de agosto de 1944, en Hanko donde las tropas embarcaron hacia Paldiski en el carguero *Wartheland*.

Arriba. Monumento en Finlandia al Regimiento JR-200. Fue una unidad del ejército finés compuesta por estonios.

Abajo. Un joven estonio con uniforme del ejército finlandés y pequeño escudo en el brazo con los colores nacionales estonios.

Los voluntarios estonios del JR-200 fueron enviados a contraatacar en el flanco de una división soviética que había ocupado territorio estonio en el frente de Tartu. Aunque las tropas soviéticas tenían una superioridad muy significativa y los estonios no disponían de armamento pesado, los llamados «Muchachos Finlandeses» lograron detener el ataque soviético durante tres semanas, pudiendo ser evacuados de Tallin 80 000 estonios. Al final, los «Muchachos Finlandeses» –que no recibieron ayuda– sucumbieron ante la aplastante superioridad del ejército soviético. Algunos de ellos fueron capturados, e inmediatamente movilizados en el Ejército Rojo, y otros terminaron retirándose con los alemanes, aunque tuvieron la mala suerte de terminar en el llamado infierno checo, donde los partisanos checos torturaron y asesinaron a muchos estonios prisioneros en mayo de 1945.

Arriba. Los estonios del regimiento JR-200 combatieron con uniforme finlandés, aunque los cascos de acero eran alemanes, algunos, incluso, llevaban las calcas del *Heer*, como se puede ver en la fotografía superior. El soldado que luce un emblema de brazo con los colores estonios, en el centro, lleva en la mano un subfusil soviético PPS-43 (Pistola Ametralladora Sudayev).

Abajo. Oficial estonio SS-*Untersturmführer* Olvet Heiti. Se trata de un veterano del JR-200 que luchó en Finlandia. Cuando volvió a estonia tras el alto el fuego de Mannerheim con la URSS, se incorporó a la 20ª División de Granaderos *Waffen-SS* (Estonia nº 1)

Hay que decir que 411 voluntarios estonios lucharon tambien integrados en la marina finlandesa, de los cuales 16 murieron en la contienda. Los estonios prestaron servicio, principalmente, en el buque blindado *Väinämöinen*, además de en dragaminas, buques de escolta, torpederos, patrulleros, rompehielos y otros. Algo más de la mitad de los estonios que sirvieron en la marina finlandesa regresaron a Estonia en el otoño de 1944. El resto de los hombres permaneció en Finlandia, donde fueron liberados del servicio cuando sus barcos regresaron a los puertos.

Después del armisticio, los 184 marinos estonios que no volvieron a su patria a continuar la lucha, fueron llevados a Suecia en una operación secreta de la Guardia Fronteriza. Los acontecimientos se mantuvieron ocultos hasta los años 90, porque según los acuerdos de paz, deberían haber sido entregados a la Unión Soviética. Unos 500 estonios del JR-200 y de la marina, pudieron escapar a Suecia y de allí a otros países occidentales. Esto les dio la oportunidad de reconstruir sus vidas.

Regimientos estonios de Guardias de Fronteras y Batallones de Construcción

Personal y material del grupo antitanque del 5º Regimiento de Guardia de Fronteras de Estonia. Como se puede observar, el personal está vestido con uniformes del *Heer* Mod. 1943, y dotado de pequeños cañones Pak 35/36 de 37 mm, una pieza artillera totalmente superada y desfasada en las fechas de las que hablamos: primavera de 1944.

El antecedente más inmediato de los regimientos de guardias de fronteras lo tenemos en la denominada «Guardia Fronteriza de Estonia», que se formó en 1941 a partir de unidades de autodefensa. El 21 de enero de 1942, el director de Interior del Autogobierno de Estonia aprobó la composición de la Junta de Autodefensa Fronteriza y la organización de cuatro batallones de guardias de fronteras, que se disolvieron el 3 de julio, cesando sus operaciones el 6 de agosto de 1942. La función pasó a manos de la recién creada Guardia Aduanera de Fronteras alemana.

Los regimientos de guardias de fronteras estonios que aquí desarrollaremos como unidades combatientes, se formaron imitando la composición de los regimientos de seguridad alemanes, iniciando su constitución a primeros de febrero de 1944. La mayoría de los oficiales de estos regimientos fronterizos eran oficiales de reserva estonios, que fueron ascendidos al alistarse en el ejército alemán. La calidad del personal de los tres primeros regimientos de la guardia fronteriza era algo mejor que la del resto.

Tras la movilización decretada en Estonia el 30 de enero de 1944 –con el Ejército Rojo aproximándose a territorio nacional– se organizaron seis regimientos de guardia de fronteras, además de otro de reserva y el denominado «Regimiento Tallin», que aunque nació como unidad fronteriza, en unos meses se integró en la 20ª División *Waffen-SS*. Cada regimiento organizó tres batallones, con cuatro compañías de fusileros cada uno, y además dispuso de unidades de mando, defensa antitanque, transmisiones, etc... Su dotación rondaría los 2500-2800 hombres por regimiento pero su equipamiento, armamento, vestuario, así como su entrenamiento para el combate, dejaría mucho que desear.

Los dirigentes alemanes planearon la formación de una segunda división estonia de la *Waffen-SS* basándose en una directiva emitida por Himmler el 14 de mayo de 1944. Precisamente ese mismo mes de mayo, todos los regimientos de guardias fronterizos creados hasta entonces pasaron a denominarse «Regimientos de Guardias de Fronteras de la *Waffen-SS*», pensando que servirían de base para la creación de la citada segunda división. Pero la unidad no sería creada nunca.

Un suboficial estonio asignado a un regimiento de Guardias de Fronteras. En la gorra lleva el escudo de Estonia, en lugar de la cocarda con los colores alemanes y el águila de la Wehrmacht.

Los regimientos acogieron a casi 20 000 estonios, una cifra importante, pese a que su capacidad combativa, debido a su pobre entrenamiento y su mermada asignación de armas y equipo, estuvo por debajo de las espectativas. Todos los regimientos de fronteras estonios desaparecieron antes de finalizar el año 1944, bien por destrucción frente al enemigo, bien por disolución.

Parte del personal superviviente se integró en los partisanos estonios «Hermanos del Bosque», que siguieron luchando contra los soviéticos hasta la década siguiente. Los que pudieron o quisieron escapar al oeste, se integraron en Alemania en la renovada 20ª División de Granaderos de la *Waffen SS*, que se constituyó en Neuhammer a finales de 1944.

REGIMIENTOS GUARDIA DE FRONTERAS (FEBRERO-SEPTIEMBRE 44)

Regimiento	Organizado en:	Disuelto	Observaciones
1º Regimiento	1-5 Febrero 44	Septiembre 44	
2º Regimiento	1-5 Febrero 44	Septiembre 44	
3º Regimiento «Tallin»	1-5 Febrero 44	Septiembre 44	Se integra en 20ª Div. en feb. 44
3º Regimiento	12-17 Febrero 44	Septiembre 44	
4º Regimiento	1-5 Febrero 1944	Septiembre 44	
5º Regimiento	Marzo 44	Septiembre 44	
6º Regimiento	Marzo 44	Septiembre 44	
1º Regimiento Reserva	1-5 Febrero 44	Septiembre 44	

1° REGIMIENTO DE GUARDIA DE FRONTERAS

Formado los primeros días de febrero de 1944. Su comandante fue el teniente coronel Jan Tamm.

• I Batallón (Rakvere): capitán Aleksander Veelma

• II Batallón (Tallin): capitán Eduard Ausmees

• III Batallón: mayor Raimond Hindpere (El núcleo lo formaban antiguos hombres de Erna)

Fue dotado de armamento ligero, viejo y de diversos orígenes, pocas ametralladoras y su uniformidad dejaba mucho que desear. El 25 de febrero fue enviado al frente ruso. En julio pasó a depender de la 207ª División de Seguridad. El 18 de agosto se integró en el *Kampfgruppe* «Wagner» para la defensa de Tartu, en la línea del río Emajoe. El 17 de septiembre fue destruido. Llegó a contar con 2800 hombres.

2° REGIMIENTO DE GUARDIA DE FRONTERAS

Formado los primeros días de febrero de 1944. Su comandante fue el teniente coronel Juhan Vernet.

• I Batallón (Tartu): capitán Meinhard Niiepuu

• II Batallón (Voru/Petseri): mayor Friedrich Martin Sillaots

• III Batallón (Valga/Antsla): capitán Meinhard Leetmaa

Al igual que ocurrió en el 1º Regimiento, su armamento, uniformidad y condiciones de preparación no fueron bue-

nas. En febrero pasó a depender de la 207ª División de Seguridad alemana. El I Batallón fue enviado el 14 de febrero al este de Tartu, para colaborar en la destrucción de la bolsa de Meerapalu, en la ribera del lago Peipus. En marzo fue subordinado al XXVI Cuerpo de Ejército (*Generalleutnant* Grasser). A finales de mayo, junto a otros tres regimientos fronterizos estonios y varias unidades menores, se integró en la 300ª División *zbV*, que en los meses de julio y agosto combatió en Narva. El 18 de septiembre se retiraba de sus posiciones en Narva y el 21 se disolvía.

3° REGIMIENTO DE GUARDIA DE FRONTERAS «TALLIN»

Formado los primeros días de febrero de 1944 como 3º Regimiento de Guardia de Fronteras. Su comandante fue el teniente coronel Mat Kaerma, sustituido a los pocos días por el mayor Richard Rubach.

• I Batallón (Parnü): capitán Mats Mölder

• II Batallón (Tartu): capitán Jüri Jurgen

• III Batallón (Viljandi): Capitán Arnold Purre

El 12 de febrero fue enviado al frente de Narva. Participó en el ataque a las fuerzas soviéticas que desembarcaron en Merikula y en la defensa de Auvere. En marzo se fusionó con la 20ª División *Waffen-SS*.

3º Regimiento de Guardia de Fronteras

Formado a partir del 12 de febrero de 1944, cuando el que iba a ser 3º Regimiento fue enviado a Narva. Su comandante fue el teniente coronel Mat Kaerma.

• I Batallón (Parnümaa): mayor Juhan Purga

• II Batallón (Viljandi): capitán Elmar Kolu

• III Batallón (Laane/Saremaa): capitán Aado Juhani

Tuvo los mismos problemas de armamento, equipo y vestuario que los anteriores. A finales de febrero, el regimiento fue subordinado a la 207ª División de Seguridad alemana y desplegó en la zona de Mustvee, para la defensa costera del lago Peipus. Un mes más tarde pasó a disposición del XXVI Cuerpo de Ejército en el mismo cometido, aunque más al norte. A principios de mayo de 1944, el regimiento cubría posiciones en el río Narva en el área entre Vasknarva y Permisküla, integrado en la 300ª División *zbV*. Permaneció en esta zona hasta el 17 de septiembre, fecha en la que se le ordenó abandonar las posiciones fortificadas en el pantano de Puhatu y retirarse a la zona de Rakke. En su retirada hacia en interior de Estonia, los hombres del 3º Regimiento participaron en la batalla de Avirnume, donde terminó la corta vida del regimiento.

4º Regimiento de Guardia de Fronteras

Se organizó a partir de tropas de la reserva *Omakaiste* de los condados de Tartu, Voru, Petseri y Valga los primeros días de febrero de 1944. Su comandante fue el mayor Valter Pedak.

Su equipamiento, armamento y vestuario no era bueno, como en los casos anteriores, aunque con los meses fue homogeneizándose el de origen alemán.

• I Batallón: capitán Robert Lamp

• II Batallón: mayor Friedrich Martin Sillaots

• III Batallón: capitán Jaak Vinni

A principios de marzo de 1944 se desplegó a orillas del lago Pskov (Pihkva en estonio), desde Varnja hasta Mustveen, subordinado a la 207º División de Seguridad alemana. A mediados de abril fue integrado en el XXVIII Cuerpo de Ejército, dependiendo los siguientes meses, sucesivamente, de la 24ª División de Infantería y de las divisiones 12ª y 13ª de la *Luftwaffe*. Tras dos meses de entrenamiento en Petseri, a principios de julio fue enviado a la zona de Pskov (Rusia), en las proximidades del río Velikaya, con protestas entre los estonios por salir fuera de su país. El día 20 de ese mismo mes volvió a Estonia y fue enviado al frente de Narva. Hubo muchas deserciones. A finales de julio se formó la 300ª División *zbV*, integrándose el regimiento en ella. En septiembre se retiró del frente de Narva y el 21 tomó parte en la batalla de Porkuni, sufriendo grandes pérdidas. A continuación, el regimiento fue disuelto.

5º REGIMIENTO DE GUARDIA DE FRONTERAS

Formado a finales de febrero y principios de marzo, con personal procedente de Järva, Viljandi y Virumaa. Su comandante fue el teniente coronel Johannes Raudmäe.

- I Batallón (Turi): capitán Boris Leeman
- II Batallón (Paide): Capitán Julius Made
- III Batallón (Poltsamaa): capitán Arnold Välja

Al igual que ocurrió en el resto de regimientos, su armamento, equipo, uniformidad y condiciones de preparación no fueron buenas. En marzo pasó a depender de la 207ª División de Seguridad alemana. Entre abril y julio los tres batallones del regimiento fueron destinados a la defensa costera del lago Peipus, donde reemplazaron a los del 4º Regimiento. Tras el final de la Batalla de Sinimäe, el II Batallón del 47º Regimiento de la 20ª División estonia fue enviado al sudeste, en la línea del río Emajoe, al mando del teniente coronel Alfons Rebane, integrando los batallones II y III de este regimiento al nuevo *Kampfgruppe* que se estaba formando: el denominado *Kampfgruppe* «Rebane». En septiembre de 1944, tropas del 5º Regimiento tomaron parte en los combates de Tartu y quedaron cercadas por el Ejército Rojo. El 18 de septiembre de 1944, el II Batallón del regimiento, junto a los hombres de Rebane, realizaron una espectacular maniobra de rotura de cerco, consiguiendo pasar todos ellos, sin una sola baja, a la zona alemana. Tras su viaje a Alemania, se integrarían en la 20ª División SS.

6° REGIMIENTO DE GUARDIA DE FRONTERAS

Formado los últimos días de febrero y los primeros de marzo de 1944. Sus batallones se formaron a partir de hombres movilizados en las regiones de Pärnu y Kilingi-Nomme Su comandante fue el teniente coronel Paul Lillehet.

• I Batallón (Tartu): mayor Mihkel Martsoo

• II Batallón (Voru/Petseri): capitán Robert-Johannes Pärlis

• III Batallón (Valga/Antsla): capitán Arnold Lippmaa

Tras su formación fue enviado a Voipsu para la defensa costera del lago Peipus. En julio se trasladó al frente de Pskov con mucha reticencia por parte de los soldados, que no querían salir de Estonia. Semanas después fue enviado a Narva, integrado en la 300ª División *zbV,* para defender la isla de Permisküla y las zonas adyacentes, logrando una victoria el 27 de julio sobre la unidad soviética atacante, a la que puso en fuga, distinguiéndose el jefe de la 10ª

Compañía, teniente Jüri Siitam. El 11 de agosto, un bombardeo ruso destruyó el bunker del jefe del II Batallón en la isla, matando a todos los oficiales del mismo, allí reunidos. El batallón fue aniquilado por el 602º Regimiento del 109º Cuerpo de Fusileros soviético tras su desembarco. El 17 de septiembre se ordenó la retirada del regimiento de sus posiciones. El día 20, tras la batalla de Avirnume, el regimiento se disolvió, dispersándose los hombres en los bosques de Alutagus.

1° REGIMIENTO DE RESERVA DE GUARDIA DE FRONTERAS

Se formó los primeros días de febrero de 1944, siendo su primer comandante el teniente coronel August Tommander. En agosto sería relevado por August Vask.

El Regimiento de Reserva estuvo formado por cuatro batallones.

• I Batallón (Tartu): mayor August Vask. Fue la unidad de reserva de los regimientos 1º y 4º.

• II Batallón (Tartu): mayor Rudolf-Eduard Kukeste. Fue la unidad de reserva de los regimientos 5º y 6º.

• III Batallón (Johvi): capitán Mart Piirsalu. Fue la unidad de reserva de los regimientos 2º y 3º.

•IV Batallón: Capitán Oskar Taalder. Fue la unidad de reserva de todas las baterías de cañones de acompañamien-

to (13ª Compañía de todos los regimientos), unidades de zapadores, antitanques y de transmisiones de los regimientos fronterizos. Este regimiento estuvo operativo hasta septiembre de 1944, cuando se le dio orden de abandonar Estonia. Una buena parte de sus hombres se dispersaron en los bosques durante la marcha, aunque unos 500 hombres del regimiento fueron evacuados del puerto de Pärnu en un buque de transporte alemán el 23 de septiembre. Una vez en Alemania, fueron integrados en la renovada 20ª División *Waffen-SS* de Estonia.

Los batallones de construcción

Los miembros de los regimientos fronterizos y de los batallones de construcción estonios vestían uniformes del *Heer*, con *Feldbluse* Mod. 43, con gorra de campaña con visera Mod. 43 (gorra montañera). En la imagen, varios miembros del Regimiento nº 1 de Guardias de Frontera de Estonia.

La gran movilización de 30 de enero de 1944 puso en filas en el condado de Petseri a casi 4000 hombres, la mayoría de ellos rusos, como ocurría con la población de esa zona de Estonia. Como esa población no se consideraba fiable, ni para las autoridades alemanas ni para el propio Autogobierno estonio, se decidió no incluirlos en los regimientos de Guardias de Fronteras, sino constituir con ellos varios batallones de zapadores dedicados, principalmente a la construcción y reparación de trincheras, carreteras, puentes, etc..., en los frentes de Narva y Tartu.

La constitución de estos batallones tuvo lugar en marzo de 1944, llegando a alcanzar el 1 de abril la cifra de 2500 hombres en proceso de formación, incluidos 37 oficiales (unos 650 por batallón). Cuando las tropas alemanas abandonaron Estonia, la mayoría de los hombres de estas unidades se quedaron en su país.

BATALLONES DE CONSTRUCCIÓN ESTONIOS (ABRIL-SEPTIEMBRE 44)

Batallón de Construcción	Organizado en:	Disuelto	Observaciones
1º Batallón	Abril 1944	Septiembre 1944	Estonios de origen ruso
2º Batallón	Abril 1944	Septiembre 1944	" "
3º Batallón	Abril 1944	Septiembre 1944	" "
4º Batallón	Abril 1944	Septiembre 1944	" "

Soldado de la 20ª División de la *Waffen SS* (estonia nº 1).

Soldado estonio asignado a un batallón *Schutzmannschaft*. Lleva un arma soviética capturada (Tokarev SVT-40).

Harri Kollo. Piloto estonio integrado en la *Luftwaffe*. Realizó el curso de caza en Alemania y voló Focke-Wulff Fw 190.

Emblema de brazo de los estonios de la *Luftwaffe*.

ESTLAND

Emblema de brazo de los estonios integrados en unidades «Schuma» y de policía.

Estonios en la *Luftwaffe*

En el otoño de 1941, un estonio de origen alemán, Gerhard Buschmann, piloto civil en su país antes de la guerra, estaba al servicio del *Abwehr* y llegó a Tallin para organizar una unidad de inteligencia. Una vez en Tallin (Reval para los alemanes), Buschmann se puso en contacto con antiguos compañeros del aeroclub, del que él mismo había sido presidente antes de la ocupación soviética de 1940, quienes le informaron de la existencia de cuatro avionetas PTO-4, fabricadas en Estonia antes de la guerra, desmontadas y escondidas para que no las emplearan los rusos. En enero de 1942, Buschmann ofreció al mando de la *Kriegsmarine* estos antiguos aparatos, y la posibilidad de que fueran tripulados por pilotos estonios, para realizar vuelos de reconocimiento en el Golfo de Finlandia.

La unidad denominada *Sonderstaffel «Buschmann»* inició sus operaciones el 12 de febrero de 1942. Los primeros pilotos de la unidad fueron el propio Gerhard Buschmann, William Laanekõrb, Harry Habel, Herman Kabe, Ants Repnau, Koit Kava y Mart Napa, quienes fueron asignados a las unidades policiales que se estaban constituyendo en Estonia. El equipo técnico, el combustible y los lubricantes se obtuvieron de la *Luftwaffe* y las tareas de la escuadrilla las encargaría la *Kriegsmarine*.

Arriba. 8 de enero de 1944. 1000 vuelos contra el enemigo del *See aufklärungsgruppe 127*. Tenientes Kruusmägi y Saarne, piloto y observador. Detrás, un Henschel Hs 126.

Abajo. El piloto civil estonio –alemán báltico– Gerhardt Buschmann, organizó la primera unidad de reconocimiento aéreo con pilotos estonios en 1941

145

La unidad «Buschmann», de aviación auxiliar, dispuso de cuatro aviones deportivos construidos en Estonia del tipo PTO-4, dos Miles «Magister», un avión de pasajeros DH-89 «Dragon Rapide» (que había pertenecido a la aerolínea letona), dos RWD-8 y una Stampe SV-5, y operó desde el aeródromo de Ülemiste (hoy Aeropuerto Internacional de Tallin), siendo su área de operaciones el Golfo de Finlandia. La Armada alemana estaba preocupada por la flota rusa del Báltico, que permanecía en gran parte en su base principal de Kronstadt. Se temía que los rusos estuvieran planeando un intento de fuga para llegar a la neutral Suecia y un internamiento allí, en caso de que colapsara la defensa de Leningrado.

A medida que se corrió la voz sobre la existencia de esta nueva unidad aérea, la *Sonderstaffel «Buschmann»* comenzó a crecer rápidamente, debido a la incorporación de voluntarios.

En el verano de 1942 la unidad recibió su primer avión militar: el hidro de reconocimiento marítimo Heinkel He 60. En julio se incorporaron diez unidades, y en agosto otros siete, y con ellos se añadió también una nueva misión: el escuadrón comenzó a realizar búsquedas y reconocimientos de los submarinos soviéticos en el Golfo de Finlandia y en la parte oriental del Báltico, de los que la URSS contaba con más de 50.

Arriba. Oberleutnant Remi Milk, piloto de hidros del *See/Aufklärungsfliegergruppe 127*.

Página siguiente, abajo. Arado Ar 95 del Grupo de Reconocimiento Marítimo de Estonia 127 (*SAGr. 127*) en el lago Ülemiste, primavera de 1944.

AVIÓN DE ENTRENAMIENTO MONOPLANO PTO-4

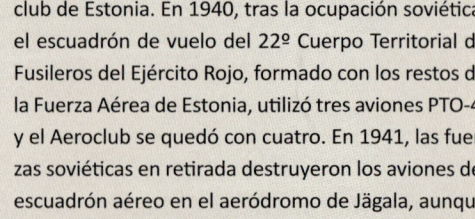

Los ingenieros Voldemar Posti, Rein Tooma y Otto Orgi diseñaron y construyeron el avión de entrenamiento monoplano PTO-4, haciendo referencia el acrónimo a las primeras letras de los apellidos de los tres diseñadores. Se construyeron en Estonia siete aviones PTO-4, dos de los cuales fueron adquiridos por la Aviación Militar y los otros cinco, por el Aeroclub de Estonia. En 1940, tras la ocupación soviética, el escuadrón de vuelo del 22º Cuerpo Territorial de Fusileros del Ejército Rojo, formado con los restos de la Fuerza Aérea de Estonia, utilizó tres aviones PTO-4, y el Aeroclub se quedó con cuatro. En 1941, las fuerzas soviéticas en retirada destruyeron los aviones del escuadrón aéreo en el aeródromo de Jägala, aunque los cuatro del Aeroclub fueron desmontados y escondidos por lo que quedaron intactos. En 1942, se pusieron en servicio las cuatro avionetas, integradas en el *Sonderstaffel «Buschmann»*. Posteriormente, los aparatos se utilizaron en la escuela de vuelo para los bálticos creada en Liepaja (Letonia). En 1944 fueron trasladados a la escuela de vuelo de Pärnu, y al ser evacuada en septiembre, fueron llevados a Alemania donde, lo más probable es que fueran destruidos.

LOS ARADO AR 95 ESTONIOS

Durante sus visitas a Berlín para conseguir una unidad aérea estonia integrada en la *Luftwaffe* –una «Legión Aérea estonia»–, Buschmann hizo escala en la base naval de Pillau (Prusia Oriental) y encontró en sus almacenes un lote de aviones Arado Ar 95. Habían sido construidos antes del inicio de la guerra para cumplir con un pedido hecho por la fuerza aérea de Turquía, y no llegaron a ser enviados. Durante las negociaciones con el general Dietrich von Criegern, de la intendencia de la *Luftwaffe*, Buschmann le habló de la existencia de estos aparatos almacenados sin uso; si se los entregaba podrían sustituir a los viejos Heinkel He 60. Después de varias comprobaciones, en Berlín y en Pillau, el general von Criegern telefoneó a Buschmann y le comunicó: «Ya que has cocinado los Arado 95 en Pillau, también puedes comérterlos». En principio se enviaron 10 aparatos a la nueva unidad estonia, el *Aufklärungs-fliegergruppe 127*, completándola posteriormente con otros tres aparatos más. Se trataba de los 12 encargados por Turquía más otro aparato, probablemte de preserie.

A principios del otoño de 1942 Hitler ordenó liquidar el *Sonderstaffel «Buschmann»*. Su eficacia, demostrada en los meses anteriores, y la necesidad de sus servicios animaron a los mandos militares a buscar una solución para evitar su desmantelamiento. En diciembre se encontró una artimaña que pasaba por subordinar la unidad al denominado 7º Grupo Aéreo para misiones especiales (dependiente de las SS de Himmler). El *Sonderstaffel «Buschmann»* se convertiría en la 6ª Escuadrilla (*6./Fliegergruppe zbV 7*). El cuartel general del grupo estaba en Berlín y sus unidades proporcionaban apoyo a las numerosas operaciones antipartisanas llevadas a cabo por las SS en las zonas de retaguardia de la Europa oriental. Las misiones incluían ataques directos a concentraciones partisanas, campamentos y depósitos de suministros, reconocimiento, evacuación médica y vuelos de mensajería/enlace. A principios de 1943, la unidad disponía de unos de 50 aviones y alrededor de 200 hombres.

Después de una ardua labor de Buschmann en Berlín para regularizar la participación en la lucha aérea de los estonios y obtener nuevos y mejores aparatos, a principios de marzo de 1943 se autorizó la transformación de la antigua *Sonderstaffel «Buschmann»* en un grupo subordinado a la *Luftflotte I*, así como vestir desde ese momento el uniforme de la *Luftwaffe* a todos los aviadores estonios, portando su emblema nacional sobre el mismo.

El 1 de abril de 1943, el *6./Fliegergruppe zbV 7* se transformó en el 127º Grupo de Reconocimiento (*Aufklärungsfliegergruppe 127*) de la *Luftwaffe*. Formado en Tallinn-Ulemiste (Estonia), el *Gruppe* estaba compuesto por voluntarios estonios y aviones obsoletos y de segunda línea. Organizado en tres *Staffeln*, el *Gruppe* fue asignado para realizar vuelos de reconocimiento costero y patrullas antisubmarinas en el Golfo de Finlandia (*l./Staffel*), tareas de reconocimiento y bombardeo ligero nocturno en la zona de Staraya Russa (URSS) (*2./Staffel*) y reabastecimiento y formación de observadores y artilleros de a bordo (*3./Staffel*).

El *Aufklärungsgruppe 127* era una formación cuasi independiente que operaba fuera de la autoridad directa de la *Luftwaffe*, por lo que nunca se formalizó la unidad de mando (*Stab*) y el comandante del *Gruppe* tenía la categoría de *Luftwaffen-Verbindungsoffizier* (oficial de enlace con la *Luftwaffe*) en lugar de *Kommandeur*. Según un informe del *Gruppe*, su fuerza combinada el 1 de septiembre de 1943 era de 34 He 50, 10 Ar 95 y cuatro He 60, no detallando los antiguos aviones de tercera línea, de los que todavía disponía el *Gruppe*.

Verano de 1943, antes del vuelo al aeródromo de Idriza (Nevel, Rusia), un grupo de pilotos estonios posan delante de un avión Heinkel He 50, de los que volaban la 1ª y la 2ª escuadrillas del *NSGr. 11*.

En el campo de vuelo de Grobin/Liepaja (Letonia), el *Gruppe* tenía una escuela de vuelo conjunta con los letones, donde utilizaban un grupo heterogéneo de aparatos: Bücker Bü 131«Jungmann», Gotha 145 y Arado Ar 66, además de los PTO-4 enviados desde Tallin.

El 18 de octubre de 1943 se llevó a cabo una nueva reorganización en la unidad aérea estonia. La primera escuadrilla del grupo de reconocimiento –*1./AufGr. 127*– dio origen al que desde entonces se denominaría *Seeaufklärungsgruppe 127 (SAGr. 127)*, dotado de tres escuadrillas que mantenían operativos los hidroaviones Heinkel He 60 y Arado Ar 95, además de algunas avionetas de reconocimiento Henschel Hs 126.

Por otro lado, el 1 de noviembre de 1943, la segunda y la tercera escuadrillas del anterior *Aufklärungsgruppe 127* se trasladaron al aeródromo de Idritsa (en territorio ruso, cerca de Nevel), donde un mes más tarde se organizó con ellos otra unidad, denominada *Nachtschlachtgruppe 11 (NASGRr. 11)* (Grupo de Combate Nocturno 11).

AVIONES VOLADOS POR LOS ESTONIOS

AVIÓN	CANTIDAD	ORIGEN
PTO-4	4	Estonia
RWD-8	2	Polonia
Miles «Magister»	2	R. Unido
De Havilland DH-89	1	Letonia
SV-5 Stampe	4	Letonia
Heinkel He 60	17	Alemania
Fokker CV-E	Desconocido	Dinamarca
Arado Ar 95	13	Alemania
Heinkel He 50	+35	Alemania
Henschel Hs 126	10 aprox.	Alemania
Arado Ar 66	Desconocido	Alemania
Bücker Bü 131	Desconocido	Alemania
Gotha Go 145	Desconocido	Alemania

El campo de la playa de Lasnamäe fue utilizado por primera vez como aeródromo por el piloto francés Marcel Brindejonc des Moulinais, que llegó a Tallin en el verano de 1913, en su gira por Europa en el monoplano Morane Saulnier H. Después del estallido de la Primera Guerra Mundial, se estableció un aeródromo permanente en Tallin. Se eligió como ubicación el campo de tiro de los regimientos de la 23ª División de Infantería, ubicado en Juhkental en Tallin, un poco al este de los sitios ya utilizados en Lasnamäe. Durante la ocupación alemana, la *Flieger Abteilung 16*, que abandonó Tallin en septiembre de 1918, tenía su base en Lasnamäe. En noviembre de 1918, los estonios sólo tomaron posesión de los edificios vacíos en Lasnamäe. En abril de 1927, se creó como nueva unidad, la base aérea de Lasnamäe, con un departamento técnico,

talleres y almacenes. Todos los aparatos de la fuerza aérea estonia fueron reparados y mantenidos en el taller de aviones. Gracias a la experiencia adquirida y al equipamiento modernizado, también se construyeron aviones. Tras la ocupación soviética, en agosto de 1940, el 38º Regimiento de Aviación de Caza, que hasta entonces estaba ubicado en el aeródromo de Klooga según un acuerdo de base, se trasladó a Lasnamäe. Durante la ocupación alemana, el puesto de mando y mando local de la Luftwaffe estaba ubicado en Lasnamäe. Allí se estableció el *Fliegerhorst Kommandatur E19/I*. Entre octubre de 1942 y mayo de 1943, en el aeródromo de Lasnamäe tuvo su base una unidad de aviones de reconocimiento, denominada *Aufklärungsstaffel (Fern) Ostsee*. La unidad estaba armada con aviones de reconocimiento bimotor Junkers Ju 88 (seis aviones) y Focke Wulf Fw 189 (tres aviones) para asegurar los convoyes navales, vigilar el área de operaciones navales y controlar submarinos en el Golfo de Finlandia. En febrero de 1944 se estacionaron en Lasnamäe dos escuadrones de caza nocturna: *4./NJG 100* y el *2./NJG 200*, con Junkers Ju 88 C-6 equipados con rádar. A finales de junio de 1944, los Focke Wulf FW 190 del *I./JG54* también estaban en Lasnamäe. Desde el 25 de septiembre de 1944, el cuartel general de la 1ª División de Aviación de Cazas de la Guardia (KHLD) de la Flota del Báltico

La segunda escuadrilla mantuvo su numeral, y la tercera pasó a ser la primera del nuevo grupo, conociéndose como *1./NASGr* y *2./NASGr*. La primera escuadrilla fue equipada con biplanos de reconocimiento y bombardeo ligero Fokker CV-E, que habían sido incautados en Dinamarca por la *Luftwaffe*. La segunda seguiría con los Heinkel He 50. Desde febrero de 1944 el grupo operaría en los aeródromos de Jöhvi y Rahtka –al noreste de Estonia–, realizando incursiones nocturnas para aliviar el frente de Narva hasta agosto de 1944.

Avión de entrenamiento Arado Ar 66. Los estonios los volaron en la escuela de Liepaja, y luego constituyeron la 3ª Escuadrilla del *NSGr. 11*.

A partir de junio de 1944, una parte del personal estonio recién formado en la escuela de vuelo de Grobin-Liepaja (Letonia), completaría las dos escuadrillas del *NASGr. 11*. El resto – unos 20 pilotos– sirvió para organizar la tercera escuadrilla

del Grupo de Combate Nocturno (3./ *NASGr. 11*). A esta escuadrilla le fueron entregados los aviones de entrenamiento Arado Ar 66 que se utilizaron en la escuela de Liepaja.

A mediados de agosto, el grupo se desplazó a la zona de Tartu, donde se estaban produciendo los combates más duros para retrasar el avance del Ejército Rojo en Estonia.

En el otoño de 1944 el *SAGr. 127* volaba 13 hidroaviones Arado Ar 95 y ocho Henschel Hs 126, estos últimos usados para misiones de reconocimiento terrestre de primera línea. Los aviones de combate de la *Luftwaffe* en la zona eran casi inexistentes, por lo que había que intentar arreglárselas lo mejor que se pudiera si aparecían cazas rusos.

A mediados de septiembre de 1944, los rusos estaban a las puertas de Tallin y los alemanes decidieron evacuar Estonia. El 20 de septiembre se ordenó al *SAGr. 127* que sus hidros volaran a Alemania al día siguiente, haciendo escala en Riga. El día 21, tres hidroaviones Arado Ar 95 de la *3./SAGr. 127* desertaron con su tripulación a la neutral Suecia. El resto se concentró en la base aeronaval de Pillau (Prusia Oriental).

Leutnant Johannes Kimmel, miembro del *Erg. Nachtschlachtgruppe «Ostland»*, como así lo denominaban los alemanes. Voló, sobre todo, aviones Heinkel He 50.

Del grupo de combate nocturno *NASGr. 11* también desertaron un Heinkel He 50 y un Fokker CVE. Todas estas deserciones de pilotos estonios provocaron que los alemanes decidieran disolver las unidades aéreas bálticas. La decisión fue anunciada a los hombres el 12 de octubre de 1944 en Heiligenbeil, Prusia Oriental. Posteriormente otro Fokker CVE voló a Suecia. La disolución efectiva del *NASGr. 11* y el *SAGr. 127* se produjo el 21 de octubre de 1944.

Después los aviadores estonios –junto a los letones– fueron concentrados en la base aérea de Kunersdorf, en Frankfurt del Oder, y desde allí, a principios de noviembre, la mayoría de ellos fueron enviados a la Escuela

PILOTOS Y AVIONES QUE DESERTARON A SUECIA EN SEPTIEMBRE DE 1944

AVIÓN	CODIFICACIÓN	UNIDAD	PILOTO	FECHA
Arado Ar 95 A	6R+LL	3./See SAGr. 127	Tte. Remi Milk	22-9-1944
Arado Ar 95 A	6R+BL	3./See SAGr. 127	Cap. Harri Aneliin	Sept. 1944
Arado Ar 95 A	6R+UL	3./See SAGr. 127	Tte. Kruusm	Sept. 1944
Heinkel He 50	3W+NO	1./NSGr. 11	Subof. Arnold F. Pottisepp	Sept. 1944
Fokker CV-E	3W+OD	1./NSGr. 11	Subof. Helmuth Vösari	Sept. 1944
Fokker CV-E	3W+OL	1./NSGr. 11	Tte. Aleksander Lepp	Sept. 1944

Arriba. *Leutnant* Arno Kokk fue un piloto de la Fuerza Aérea estonia, voluntario en la *Luftwaffe* germana en la Segunda Guerra Mundial.

Abajo. Aksel-Meinhard Kessler fue el único suboficial estonio que se formó como piloto de caza en la *Luftwaffe*, durante la Segunda Guerra Mundial. El 19 de abril de 1945 voló con su Focke-Wulf Fw 190 A-8 a la neutral Suecia, quedando internado. Posteriormente rehizo su vida en EE.UU.

de Paracaidismo de Esbjerg (Dinamarca), pues el mando de la *Luftwaffe* pensó organizar una unidad paracaidista báltica, con personal letón y estonio.

Pero en diciembre se cambió de opinión, y después de un breve entrenamiento, marcharían a Dortmund, al Grupo de Artillería Antiaérea nº 96, donde los estonios fueron reubicados y desplegados como artilleros antiaéreos manejando diferente material, sobre todo pesado. En marzo de 1945, los aviadores de origen estonio estacionados en Dortmund fueron enviados a Hamburgo, al Batallón de Reserva de la 20ª División de la *Waffen-SS* estonia, y de allí a las unidades de combate de la división, cerca de Hirschberg.

Los pilotos de caza estonios

Como parte de los preparativos para la formación de las llamadas «Legiones Aéreas *Ostland*», se emitió la directiva de Intendencia General de la *Luftwaffe* nº 10570/44, del 31 de mayo de 1944, para la formación de una escuadrilla de caza estonia y otra letona dentro de la *I Luftflotte*.

Para ello, se enviaron 10 pilotos estonios y otros 10 letones a aprender a volar los aviones de combate convencionales más modernos de la *Luftwaffe*: los Focke-Wulf Fw 190. Los pilotos de ambas nacionalidades fueron enviados a la escuela de caza en dos grupos de cinco hombres. Los estonios del primer grupo incluían a los tenientes Karl Lumi, Lembit Rai-

dal, Jahn Sepa, el alférez Jüri Kukk y el subofi-cial Aksel-Meinhard Kessler. En el segundo grupo estaban los tenientes Edgar Martensen, Anatol Rebane y Albert Väärt y los alféreces Voldemar Eller y Harri Kollo.

En mayo y junio de 1944, los grupos de pi-lotos del *Nachtschlachtgrupen-11,* fueron envia-dos a Alemania para entrenamiento como pilo-tos de caza. La formación se desarrolló en tres etapas: en Strahlsund, Plate y Küpper. A finales del verano comenzó también la formación del personal técnico de la unidad de combate, que tuvo lugar en Bayreuth. El entrenamiento de los primeros pilotos enviados a Alemania duró aproximadamente dos meses, después de lo cual fueron enviados a Estonia, a las unidades alemanas estacionadas allí para recibir entrena-miento. Sin embargo, la formación del segundo grupo de pilotos se retrasó, por lo que éste no terminó el curso hasta octubre.

Arriba. *Leutnant* Harri Ko-llo. Estuvo destinado en el *NSGr. 11*, como piloto de Heinkel He 50. Realizó el curso de caza en Alema-nia y voló el Focke-Wulf 190 A-8. Fue condeco-rado con las EK-I y EK-II. Desconocemos la unidad de caza alemana en la que prestó servicio.

Perdieron la vida en los entrenamientos de vuelo el teniente Lembit Raidal, y los alféreces Voldemar Eller (en una colisión aérea el 21-10-1944) y Jüri Kukk. El teniente Karl Lumi moriría en com-bate aéreo el 16 de abril de 1945, integrado en la 7./JG-4 (7ª Escua-drilla del Grupo de Caza 4).

En octubre de 1944, cuando las unidades estonia y letona, inte-gradas en la *Luftwaffe,* se disolvieron y los pilotos fueron enviados a Esbjerg (Dinamarca), donde se iba a formar la llamada Legión Báltica de Paracaidistas, se decidió enviar a los pilotos de caza ya

PILOTOS Y AVIONES QUE DESERTARON A SUECIA EN ABRIL Y MAYO DE 1945

AVIÓN	CODIFICACIÓN	UNIDAD	PILOTO	FECHA
Fw 190 A-8	10 (negro) –	6./JG-4	Subof. Kessler, Aksel-M.	19-4-1945
Fw 190 A-8	15 (blanco) –	2./JG-4	Tte. Rebane, Anatol	30-4-1945
Fw 190 A-8	3 (rojo) –	JG-54	Alf. Sepa, Jahn*	5-5-1945
Fw 190 A-8	7 (amarillo) –	JG-54	Tte. Martensen, Edgar*	5-5-1945

* Martensen y Sepa huyeron a Suecia en 5 de mayo de 1945, pero debido al mal tiempo, acabaron aterrizando en Ostre Krok, Rodenes (Noruega), siendo hechos prisioneros por los británicos.

Abajo, derecha y página anterior, abajo. Anatol Rebane fue un piloto estonio –al igual que su hermano August, fallecido en accidente aéreo en 1944–, que se integró en la Fuerza Aérea alemana durante la Segunda Guerra Mundial. Primero voló con el Grupo de Combate Nocturno 11 (*NSGr. 11*), pilotando Heinkel He 50, y en mayo de 1944 fue seleccionado para formarse en Alemania como cazador. Desde diciembre de ese mismo año se incorporó a la 6ª Escuadrilla del 4º Grupo de Caza alemán (JG 4). El 30 de abril de 1945 desertó con su avión, un Fw 190 A-8 codificado 15 (blanco) –, a la neutral Suecia, donde fue internado. Vivió en EE.UU. hasta 2002, que regresó a Estonia, tras la caída de la URSS.

formados, a unidades alemanas, para así aprovechar su entrenamiento y sus habilidades y conocimientos.

Aksel-Meinhard Kessler, Anatol Rebane y Albert Vääl estuvieron integrados en el JG 4 (4º Grupo de Caza de la *Luftwaffe*), pero en escuadrillas diferentes. Rebane prestó servicio en la 2ª, Vääl en la 5ª y Kessler en la 6ª. Jahn Sepa y Edgar Martensen estuvieron volando en el JG 54 y Karl Lumi en el JG 52 y más tarde, en el JG 4.

El 12 de febrero de 1945, el *Oberleutnant*, Vääl, destinado en el Grupo de Caza JG 54, pilotando el Focke-Wulf Fw 190 A-8 (Blanco 4) se estrelló al noreste de Sorau, en un combate aéreo con el enemigo. El piloto pudo saltar y fue rescatado.

Cuando ya se vislumbraba el final de la guerra, algunos de los pilotos de caza estonios también decidieron volar a Suecia. El primero en lograrlo fue Kessler, que aterrizó el 19 de abril de 1945 en el aeródromo de Bulltofta. Anatol Rebane lo siguió el 30 de abril de 1945 (despegó del aeródromo de Parchim, cerca de Berlín, y aterrizó en Malmö). Los aviones fueron desguazados en 1946, y los pilotos acabaron emigrando a EE. UU. Rebane regresó a Estonia en 2002.

El alférez Edgar Martensen y el teniente Jahn Sepa, intentaron volar a Suecia con sus FW 190 A-8, pero debido al mal tiempo y errores de navegación, aterrizaron en Noruega y fueron capturados por las fuerzas británicas.

ESTONIOS EN OTRAS UNIDADES ALEMANAS

Arriba y abajo, derecha. Estonios en el Servicio del Trabajo alemán (RAD).

Abajo, izquierda. Un oficial estonio en la *Kriegsmarine*. En el pecho luce el emblema de la Liga de Defensa de Estonia.

La presencia de personal estonio no se agota en las unidades de las que hemos tratado hasta ahora. Hubo estonios en la Organización «Todt» y en el Frente Alemán del Trabajo. También los hubo en la *Kriegsmarine* –pocos, menos de 200 en el *Marinebefehlshaber «Ostland»*– y como auxiliares de la Fuerza Aérea (*Luftwaffenhelfer*).

MEIE VABATAHTLIKUD RIIGI-TÖÖTEENISTUSES

En este último caso, se trataba de jóvenes de entre 15 y 20 años, que fueron aceptados como voluntarios, primero, y desde el 1 de agosto de 1944, reclutados obligatoriamente para prestar servicio como fuerzas auxiliares en la defensa antiaérea (*Flak*). Desde el 1 de junio de 1944 también se aceptaron como voluntarias a chicas jóvenes para servir en misiones auxiliares de la fuerza aérea. En este caso, podemos citar una cifra cercana a los 3000 efectivos, de los cuales, una tercera parte fueron evacuados a Alemania en septiembre de 1944, donde lucharon hasta el final del conflicto, uniéndose algunos –los mayores– a la 20ª División *Waffen-SS* estonia.

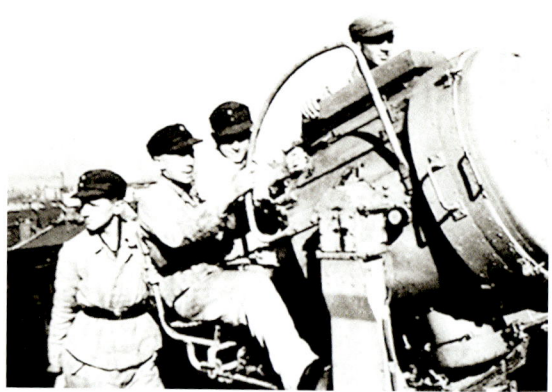

Arriba, derecha. Un miembro estonio de la Organización «Todt», en la ciudad de Pärnu.

Centro, izquierda. Jóvenes estonios manejando un proyector antiaéreo ligero de 60 cm. Para su identificación como auxiliares de la *Luftwaffe*, llevaban un brazalete con los colores de Estonia.

Abajo. Al terminar la guerra, muchos estonios –al igual que ocurrió en Letonia y en Lituania–, pasaron a la clandestinidad, incorporándose a la organización partisana anticomunista «Hermanos del Bosque».

ESCUDOS DE NACIONALIDAD DE LAS UNIDADES ESTONIAS

Las tropas estonias utilizaron una gran cantidad de variantes de escudos de manga y, por lo tanto, hubo una gran mezcla de variantes individuales en todos los tipos de tropas excepto en la *Luftwaffe*. La versión producida de forma industrial corresponde al verano de 1944, y lo fue para la 20ª División estonia de la *Waffen-SS*.

El primer modelo fue destinado a los Batallones de Seguridad (luego *Ost-Batai-llone*), que en algunos casos se complementaba con tres leones,

que son el símbolo nacional de Estonia. Esta variante fue utilizada por los *Schutz-mannschaft Bataillone*. Un distrito policial incluso fabricó sus propios escudos totalmente metálicos, introducidos en el otoño de 1943.

Hubo un modelo específico destinado a los estonios que prestaban servicio en la *Luftwaffe*, aunque desconocemos la fecha exacta de introducción. La única referencia fechada proviene de un artículo periodístico del 9 de mayo de 1943. Constaba del tricolor estonio, complementado en la parte superior con la inscripción amarilla «*Estland*».

Posteriormente surgió un modelo común para todas las unidades esto-

nias (*Polizei Bataillone, Waffen-SS, Wehrmacht–Heer*) utilizado desde 1943 hasta septiembre de 1944, con la única excepción de las unidades de la *Luftwaffe*. Era un escudo con los colores estonios con tres leones dorados con lenguas rojas. La producción probablemente se realizó en pequeñas series, porque hoy conocemos alrededor de diez variantes de esta costura, que se diferencian entre sí tanto en dimensiones como en diseño. Por tanto, es probable que su producción tuviera lugar en Estonia.

Hubo también un pequeño escudo con los colores nacionales de Estonia, con adornos dorados. Este escudo fue utilizado originalmente por miembros de *Jalkaväkirykmentti 200* (JR200). Se trataba de una unidad de voluntarios estonios dentro del ejército finlandés. Algunos de sus miembros, regresaron de Finlandia y se incorporaron a la Waffen-SS, manteniendo su escudo anterior.

Hubo un modelo destinado exclusivamente a las

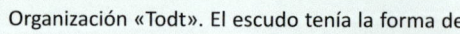

unidades estonias de la Waffen-SS y su producción tuvo lugar en Alemania, en la ciudad de Dachau.

Por último, nos podemos encontrar una variante destinada a los miembros estonios de la Organización «Todt». El escudo tenía la forma de un tricolor estonio impreso, complementado con una franja verde en la parte superior.

ÍNDICE

Bibliografía básica

• Arro, Hendrik. «Kapten Aavo Ürgsoo. Ühe lenduri mälestusi oma kunagisest pealikust» Revista Kultur ja Elu. https://kultuur-elu-ee.translate.goog/ke521_lendur.htm?_x_tr_sch=http&_x_tr_sl=et&_x_tr_tl=es&_x_tr_hl=es&_x_tr_pto=sc

• Bishop, Chris. *Divisiones Waffen-SS, «20ª División SS Waffen Grenadier»*, Libsa , Barcelona, 2009

• Caballero Jurado, C.,Thomas, N. *Germany´s Eastern Front Allies (2)*. Osprey Publishing. Men at arms, Oxford (G.Bretaña), 2002.

• Haupt, Werner. *Army group North: the Wehrmacht in Russia, 1941–1945*. Atglen, Philadelphia: Schiffer Books, 1997.

• Hiio, Toomas; Maripuu, Meelis; Paavle, Indrek (ed.). Estonia 1940-1945: *Informes de la Comisión Internacional de Estonia para la Investigación de Crímenes de Lesa Humanidad.* Tallin. Páginas, 2006.

－ «Eesti kui Wehrmacht'i operatsioonipiirkond 1941–1944: Väegrupi Nord tagala-piirkond ja 207. julgestusdiviis». Laidoneri Muuseumi Aastaraamat nr 5/2005 (Revista del Museo Militar de Estonia «John Laidoner», publicada en 2006).

－ «German Military Authority of the Army Group North on the Estonian Territory in 1941–1944: German Military Occupation in Estonia within the Scope of the Hague Convention `Laws and Customs of War on Land´.» – Baltijas regiona vesture 20. gadsimta 40.–80. gados, Latvijas Vesturnieku komisijas 2007. gada petījumi un starptautiskas konferences «Baltija Otraja pasaules kara (1939–1945)» materiali, 2007. gada 6.–7. novembris, Riga (History of the Baltic Region of the 1940s–1980s).

• Jurs, August. *Estonian freedomfighters in World War Two.* Voitleja Relief Foundation, 1990

• Laar, Martin. *Red terror: repressions of the Soviet occupation authorities in Estonia* (Traducido por Tiina Mällo), Grenader, Tallin, 2005.

－ *Sinimäed 1944: II maailmasõja lahingud Kirde-Eestis,* Varrak, Tallin, 2006.

－ *Estonia in World War II* (Traducido por Tiina Mällo) Grenader, Tallin, 2005.

－ *Emajõgi 1944 : II maailmasõja lahingud Lõuna-Eestis* (Editado por Toomas Hiio), Varrak, Tallin, 2005.

• Landwehr, Richard. *Estonian Vikings: Estnisches SS-Freiwilligen Bataillon Narwa and Subsequent Units, Eastern Front, 1943-1944.* Shelf Books, Halifax, 1998.

• Mäe, Aarne. «Porkuni vennatapulahing niitis eesti sõjamehi». Periódico digital «Postimes». (en estonio) 11 de septiembre de 2004.

• Michaelis, Rolf. *Estonians in the Waffen-SS: the 20. Waffen-Grenadier-Division der SS (estnische Nr. 1)*. Schiffer Military History, Atglen, Pensilvania, 2009.

• Molina Franco, Lucas. *El ejército de Estonia y su lucha anticomunista.*, Galland Books, Valladolid, 2020.

• Newton, Steven H. *Retreat from Leningrad: Army Group North, 1944/1945*. Atglen, Philadelphia: Schiffer Books, 1995.

• Scherzer, Veit. *Die Ritterkreuzträger 1939–1945*. Scherzers Militaer-Verlag, Jena, Germany, 2007.

• VV. AA. *Enciclopedia Ilustrada de la Aviación*. Editorial Delta, Barcelona, 1982

• www-rindeleht-ee. Foro en estonio con multitud de temática sobre los soldados estonios en la Segunda Guerra Mundial.

• https://kvh-schwarzwald.eu/estonske-insignie/

• https://aircrewremembered.com/KrackerDatabase